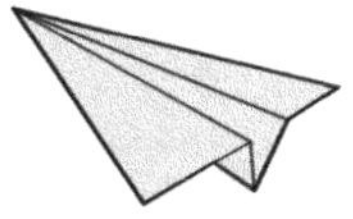

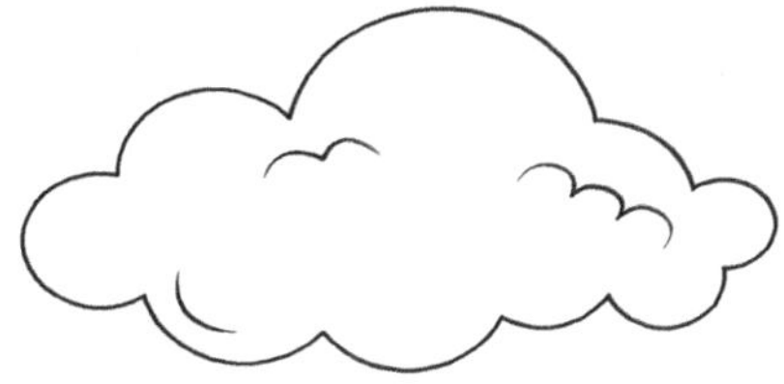
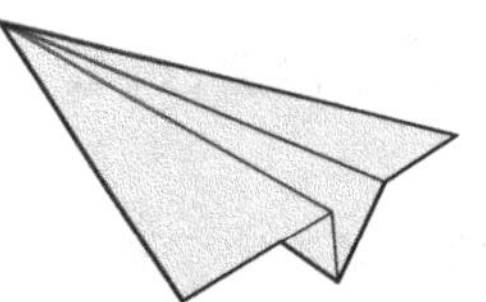

Avions en papier pour les enfants

20 incroyables avions en papier avec des instructions pas à pas faciles à suivre et des illustrations !

Charlotte Gibbs

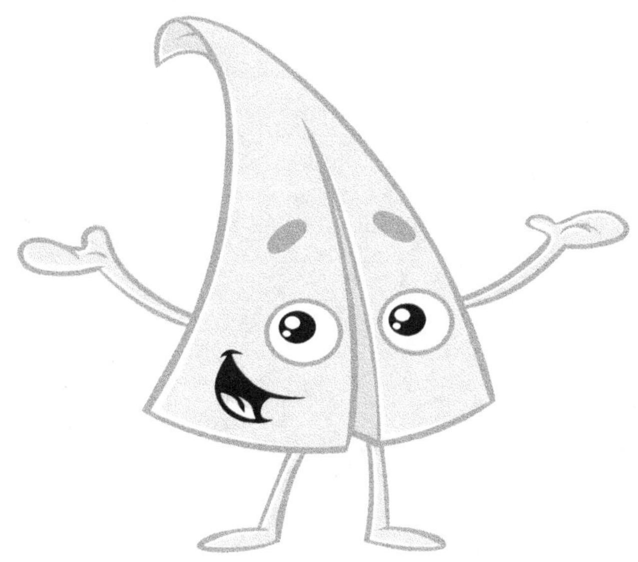

Table des matières

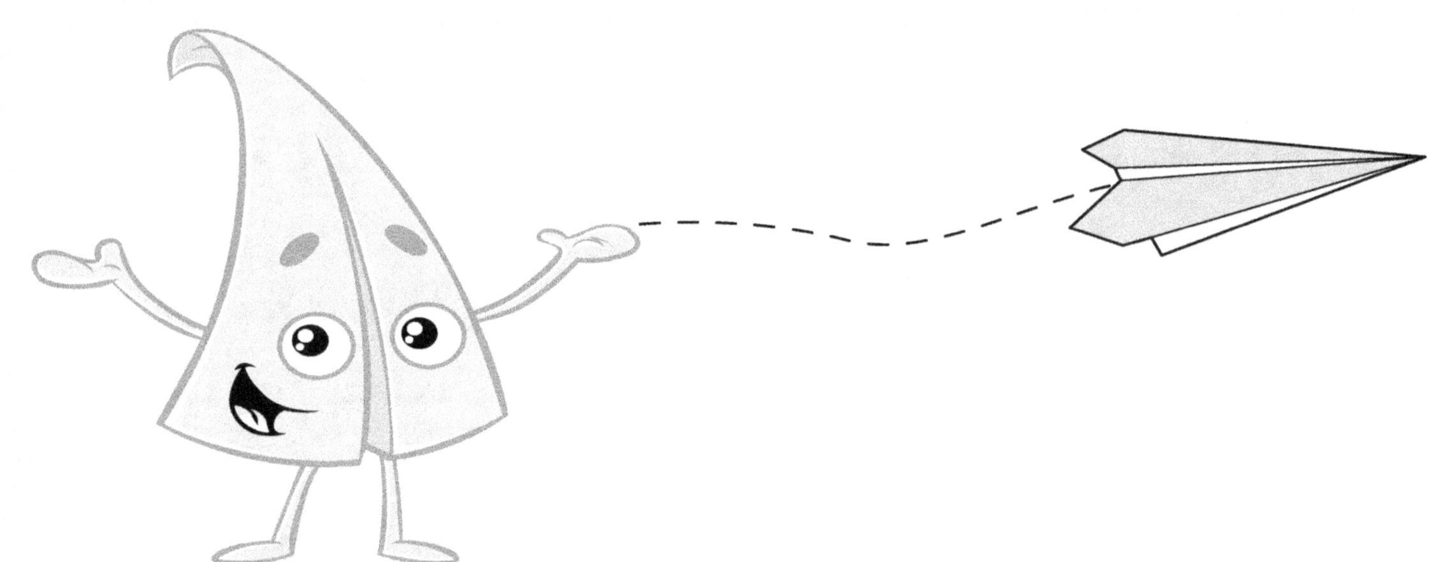

Introduction

Savais-tu que les Chinois fabriquaient déjà des avions et des cerfs-volants en papier (du papyrus à l'époque) il y a 2000 ans ? Ou que Léonard de Vinci a réalisé des maquettes en papier de son ornithoptère, un avion conçu pour voler en battant des ailes ? Ou encore que les frères Wright ont testé des avions en papier dans des souffleries pour trouver un moyen de transporter des personnes ?

Pendant la Seconde Guerre mondiale, il n'y avait pas beaucoup de matériaux disponibles pour fabriquer des jouets à cause de la guerre. C'est pourquoi les jouets en papier sont devenus populaires, y compris les avions en papier. Par exemple, la société General Mills envoyait deux modèles d'avions en papier aux clients qui envoyaient par la poste deux couvercles de boîtes de céréales Wheaties et une pièce de cinq cents.

Les gens ont utilisé les avions en papier de différentes façons au cours de l'histoire. Dans les années 30, Jack Northrop concevait des avions pour sa propre société, appelée Lockheed Corporation, et utilisait des modèles en papier pour savoir si ses vrais avions pouvaient fonctionner. Des personnes ont également utilisé des avions en papier lors de compétitions. Certains ont réussi à inscrire leur nom dans le Livre Guinness des records. On peut par exemple citer le Japonais Takuo Toda. Son avion a volé pendant un total de 29,2 secondes le 19 décembre 2010, ce qui en fait le plus long vol enregistré d'un avion en papier. John Collins et Joe Ayoob ont réalisé la plus longue distance parcourue par un avion en papier le 26 février 2012.

Leur avion a volé au total sur 226,84 pieds, soit un peu moins de 69 mètres. Le 21 août 2019, une équipe d'employés d'AXA China Region Insurance Company Limited a construit 12 026 avions en papier en seulement une heure.

Il n'y a pas de limite au nombre de modèles d'avions en papier. Chaque modèle d'avion n'est limité que par l'imagination de son créateur. Dans les chapitres suivants, tu trouveras vingt des modèles d'avions en papier les plus courants. Ils te permettront de te familiariser avec les principes de base de la construction d'un avion en papier. Une fois que tu auras assimilé les bases, tu pourras créer tout ce que tu voudras, à la seule condition de disposer d'un bon morceau de papier et d'un peu de créativité !

Symboles

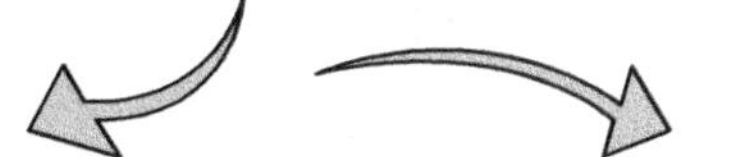 Pli vallée (vers le haut)

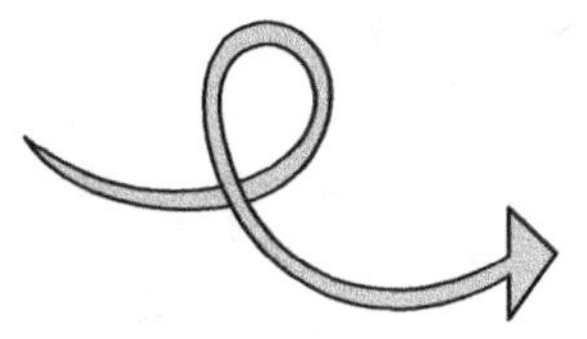 Pli montagne (vers le bas)

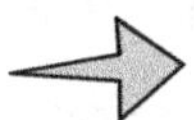 Ligne de pli

Plie dans cette direction.

Retourne.

Montre le résultat après chaque étape.

Feuille A4

Toutes les feuilles ont deux couleurs pour mieux différencier chaque étape.

Dans ce livre, tu rencontreras des termes importants pour décrire un avion en papier. Jette un coup d'œil aux descriptions de chacun d'entre eux et à leur emplacement sur l'avion pour t'aider à construire l'avion en papier le plus parfait possible !

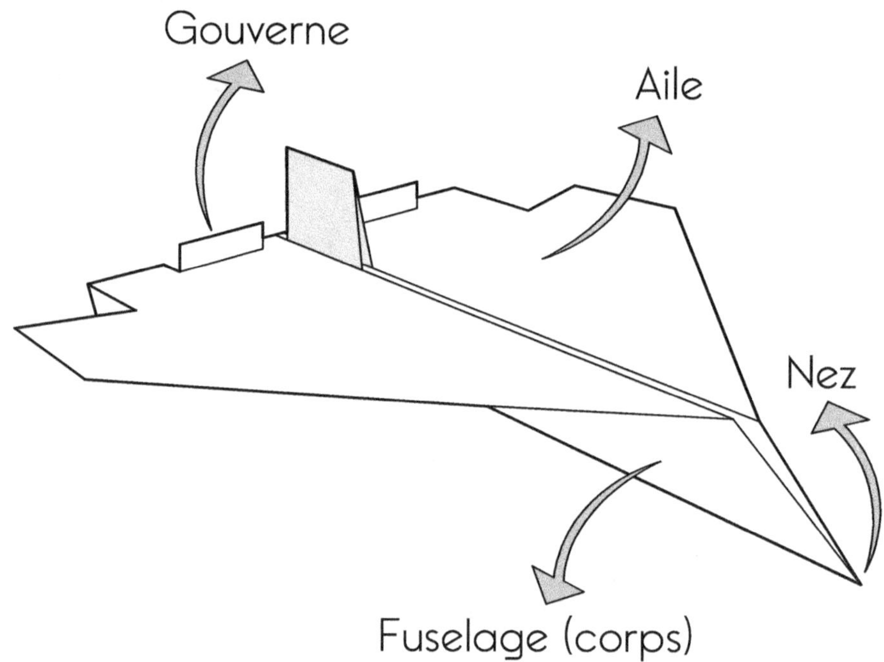

Gouverne : la gouverne est l'encoche à l'arrière de l'avion, elle est principalement utilisée pour nos avions cascadeurs afin de leur permettre de faire des figures plus excitantes !

Aile : Les ailes permettent à l'avion de voler ! Tout comme un oiseau, ton avion en papier a besoin d'ailes pour voler dans les airs !

Nez : c'est la pointe ou l'extrémité avant de l'avion, il est important qu'elle soit solide et pointue pour que ton avion puisse voler plus loin !

Fuselage (corps) : C'est la partie inférieure de l'avion, autrement dit la partie de l'avion sur laquelle tu as les doigts lorsque tu lances l'avion en papier !

Terminologie

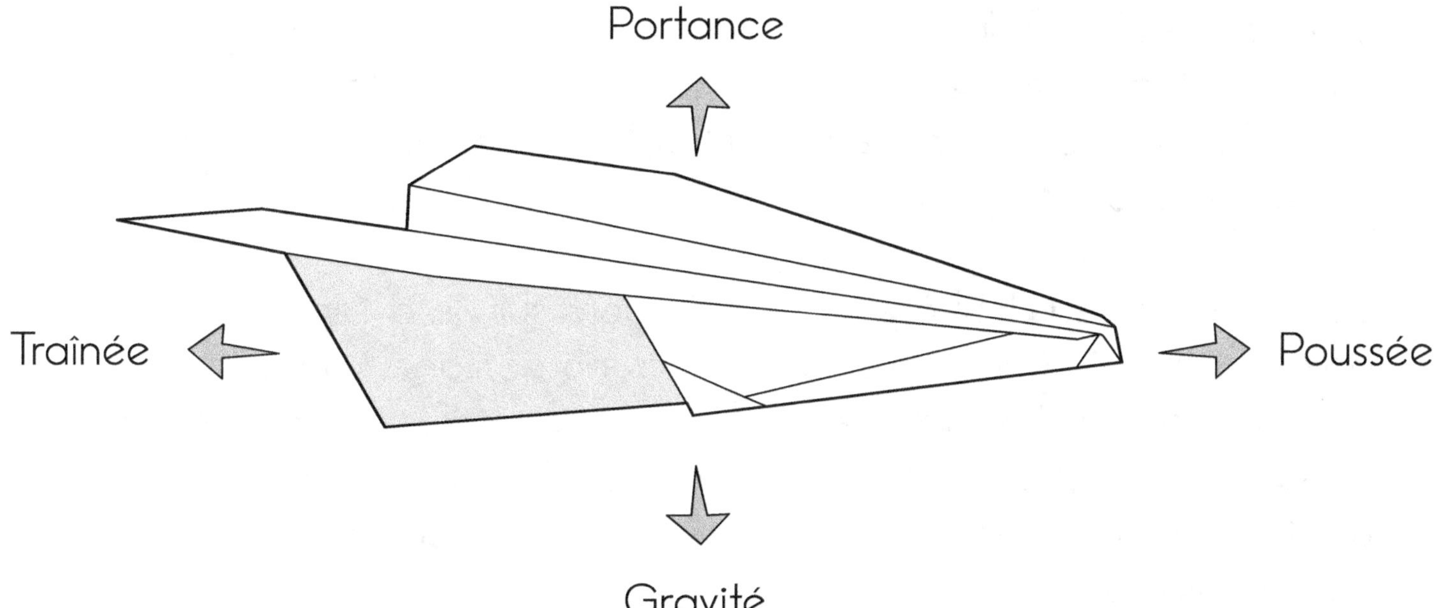

Le meilleur moyen de comprendre comment résoudre les problèmes de ton avion en papier est de comprendre ce qui fait voler ton avion en premier lieu. La réponse est que tu l'as lancé, n'est-ce pas ? Savais-tu que le terme qui désigne ce phénomène est la poussée ? La source de poussée d'un véritable avion est le moteur. Pour ton avion en papier, c'est la force de ton bras utilisée lorsque tu lances l'avion.

La poussée s'accompagne de la traînée. La traînée est une force créée par le mouvement de l'avion lorsqu'il essaie de se déplacer dans l'air. Plus l'avion se déplace rapidement, plus la traînée est importante. La traînée va s'opposer à l'avancée de l'avion et le ralentir jusqu'à ce qu'il ne puisse plus résister à la force suivante : la gravité.

La gravité est la force qui maintient les gens au sol. Elle maintient aussi ton assiette sur la table du dîner et tes jouets sur leurs étagères. La gravité exerce également une force sur ton avion en papier. Elle l'empêche de s'élever si haut dans les airs qu'il se met à voler dans l'espace.

La portance est la dernière force qui opère sur un avion, qu'il s'agisse d'un avion en papier ou d'un avion de ligne. La portance se produit lorsque l'air sous les ailes se déplace plus vite que le vent qui passe au-dessus des ailes. Cela pousse l'avion vers le haut, ce qui lui permet de rester en l'air même après le ralentissement de la poussée initiale.

Types d'avions en papier

L'intérêt des humains pour le vol a commencé vers 400 avant J.-C. avec l'invention du cerf-volant en Chine. Les cerfs-volants étaient utilisés lors de cérémonies religieuses, pour prédire la météo ou tout simplement pour s'amuser. À partir de là, les gens ont essayé de copier l'aile d'un oiseau pour voler. Cela a conduit à l'ornithoptère de Léonard de Vinci, une invention sur laquelle se base l'hélicoptère moderne. Ensuite, la montgolfière a été inventée. Peu après est apparu le planeur, un véhicule plus lourd que l'air et capable d'utiliser la portance pour voler sans l'aide d'un moteur. Les planeurs ont inspiré les frères Wright pour mettre au point leur « Flyer », le premier avion qui a réussi à voler le 17 décembre 1903.

L'aviation a une longue histoire, qui n'aurait peut-être pas existé sans l'utilisation d'avions en papier. Les modèles en papier ont permis aux inventeurs de tester leurs modèles et de perfectionner leurs machines depuis plus de 2 000 ans. Tout comme il existe des centaines de modèles d'avions différents, il existe de nombreux modèles d'avions en papier. Tout au long de ce livre, nous parlerons des trois types courants d'avions en papier et de ce qui rend chacun d'entre eux unique.

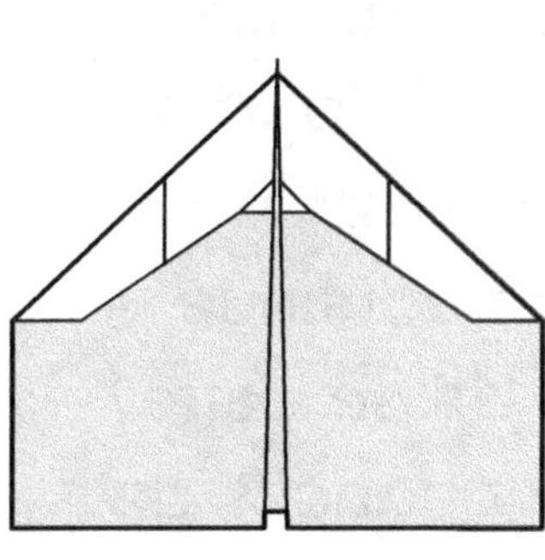

Planeur

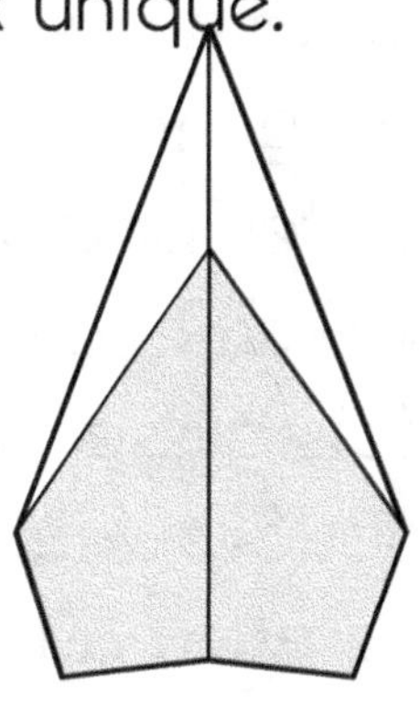

Fléchette

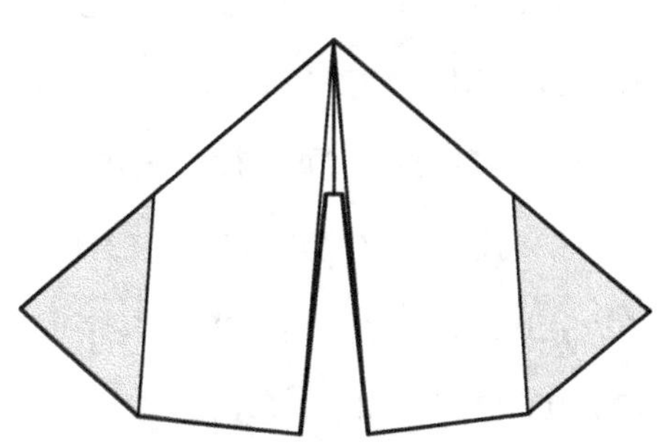

Cascadeur

Conseils et astuces

Astuces de pliage
Pour bien débuter la conception d'avions en papier, il faut utiliser du papier de qualité. Si tu te demandais quel est le meilleur papier, il s'agit de papier ultra-lisse de vingt-quatre livres (90 g/m²). Ensuite, tu dois t'assurer que tous tes plis sont réguliers et symétriques.

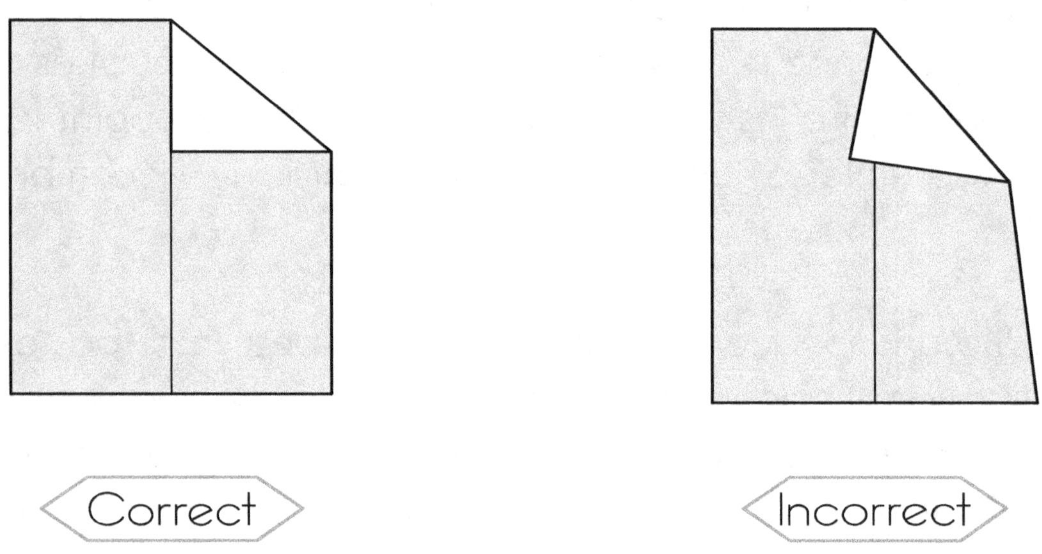

La meilleure façon de plier un avion en papier est de commencer par enrouler ton papier et faire correspondre les bords. Tu ne dois pas faire de pli avant d'être sûr que le papier est aligné comme tu le souhaites. Pour cela, assure-toi que les coins sont alignés. Tiens le papier avec tes doigts et utilise tes pouces pour plier le papier à l'endroit où tu l'as enroulé, en commençant par les coins. Une fois que le pli est fait aux coins, fais glisser tes mains et continue à suivre le pli en déplaçant tes pouces vers le centre. Utilise cette même technique pour tous les plis et tu auras plus de chances de créer un avion en papier qui volera plus efficacement.

Conseils et astuces

Si tu as des encoches (gouvernes) sur tes ailes et que ton avion en papier tombe immédiatement lorsque tu le lances, c'est peut-être parce que tes gouvernes ne sont pas pliées dans le bon sens. Tu dois être attentif aux instructions que tu vas voir dans ce livre pour qu'elles fonctionnent pour toi. Les gouvernes modifient la façon dont un avion en papier vole ; par conséquent, si tu en ajoutes une là où elle n'est pas nécessaire, l'avion risque de ne plus voler correctement.

Pour t'assurer que ton avion en papier vole droit, essaie de faire en sorte que les ailes soient pliées légèrement vers le haut. De plus, essaie de faire en sorte que le fuselage, ou le corps de l'avion, soit aussi long ou plus long que les ailes pour permettre au corps principal de l'avion d'agir comme un élément stabilisateur.

Les avions en papier sont parfois fragiles. Il peut être utile d'ajouter un morceau de ruban adhésif sur le nez de l'avion si ton avion a tendance à piquer du nez. Un autre endroit où le ruban adhésif peut être utile est le fuselage. Un morceau de ruban adhésif à l'arrière ou au milieu du fuselage permet aux ailes de s'ouvrir en vol. Si tu veux que tes ailes restent collées l'une à l'autre, un morceau de ruban adhésif en travers de la séparation entre les plis serait très utile.

Avions planeurs

Un planeur est un avion en papier doté de larges ailes qui lui permettent d'être plus polyvalent que les autres modèles. Ce modèle est plus adapté à une utilisation à l'extérieur. S'il est lancé trop fort, un planeur risque de s'écraser, c'est pourquoi il est préférable de lancer les planeurs avec une puissance faible à moyenne.

Les planeurs sont idéaux pour les compétitions visant à avoir la plus longue durée de vol possible. Les planeurs bien conçus peuvent être lancés très haut dans les airs et se laisser planer jusqu'au sol, ce qui augmente la durée du vol. Les planeurs de conception traditionnelle ne sont pas idéaux pour les compétitions visant à avoir la plus longue durée de vol possible. En raison de la largeur des ailes, les planeurs ont tendance à ne voler que sur de courtes distances. L'exception à ce constat est la compétition de 2012 remportée par Joe Ayoob qui a fait voler un planeur conçu par John Collins.

Collins a passé de nombreuses années à essayer de perfectionner son modèle afin de remporter le concours. Le gagnant précédent avait fait voler un avion de type « javelot » qui ne planait pas, mais qui fonçait simplement en ligne droite. Collins a essayé des modèles similaires, mais n'a aimé aucun d'entre eux. Le planeur posait des problèmes de précision et d'exactitude. Il a fallu trois ans à Collins pour perfectionner son planeur, mais il y est finalement parvenu et a remporté le concours au quatrième lancer.

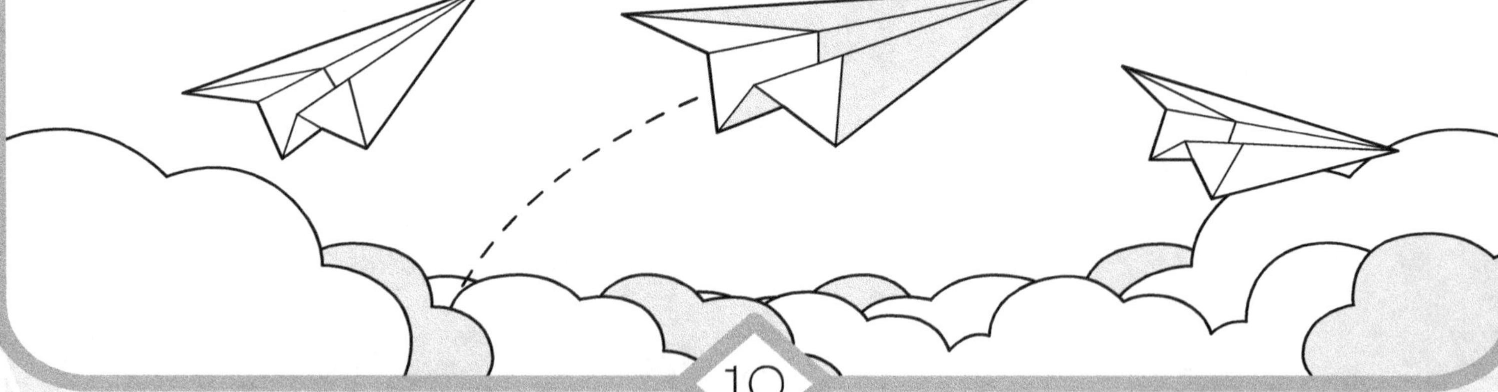

Nakamura

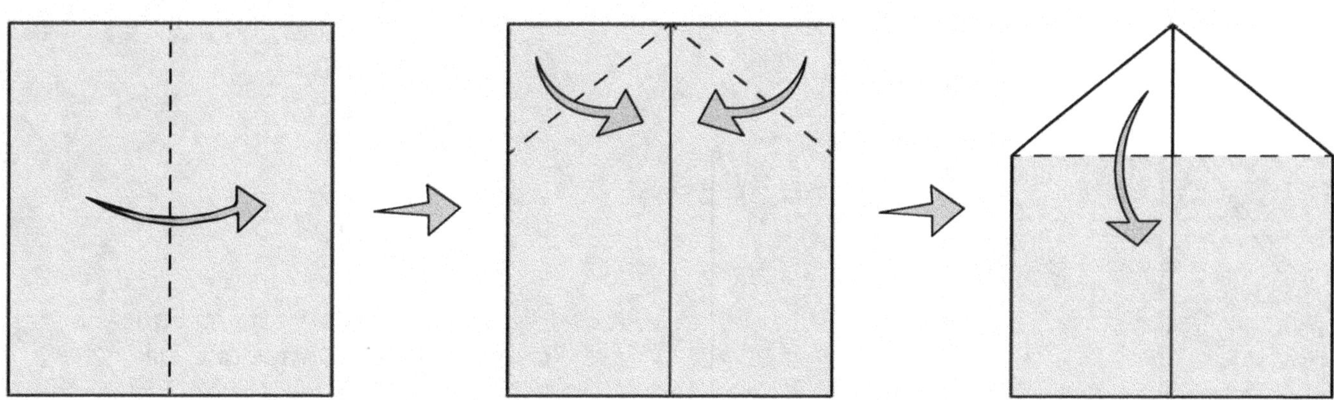

Étape 1

Plie la feuille de papier en deux dans le sens de la longueur et déplie-la ensuite.

Étape 2

Rabats les coins supérieurs vers la ligne centrale pour former un triangle. Plie ensuite tout le triangle vers le bas.

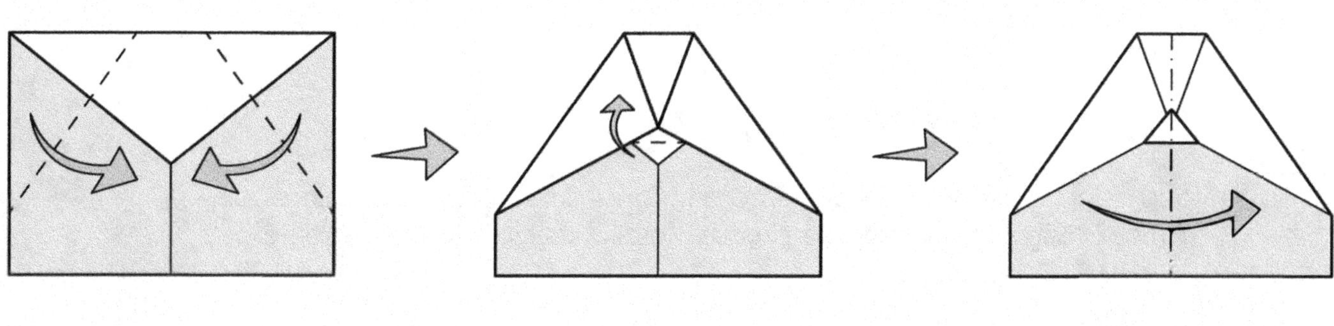

Étape 3

Rabats les coins supérieurs jusqu'à la ligne centrale, en laissant un petit espace entre eux. Plie ensuite la pointe du triangle que tu viens de faire sur ces rabats.

Étape 4

Plie l'avion en deux dans le sens de la longueur.

Nakamura

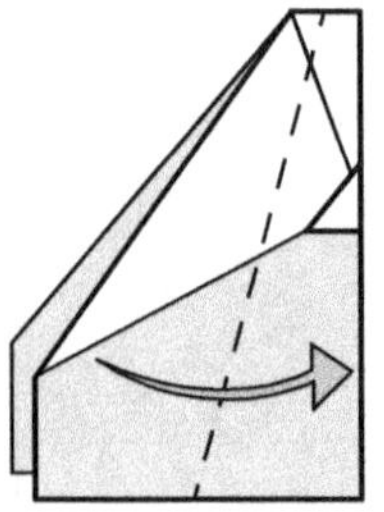  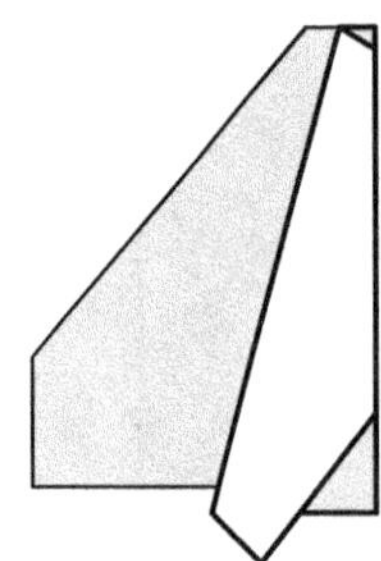

Plie un côté le long de la ligne centrale pour former une aile.

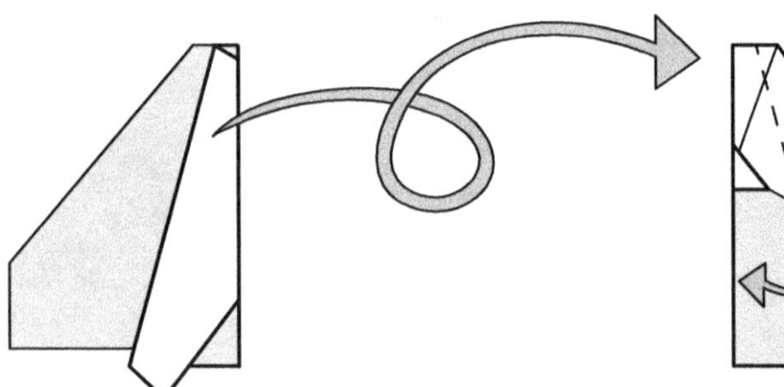 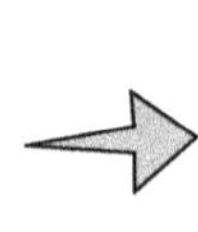 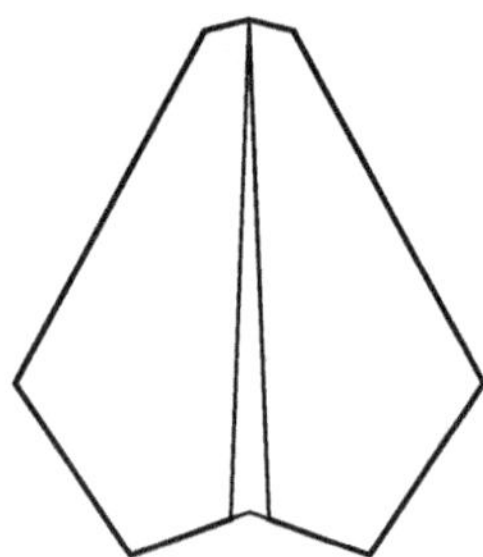

Retourne le papier et plie l'autre côté le long de sa ligne centrale pour former l'autre aile, et appuie dessus. Déplie les deux ailes à moitié.

Veille à ce que les ailes soient pliées légèrement vers le haut et lance ton avion avec une force faible à moyenne.

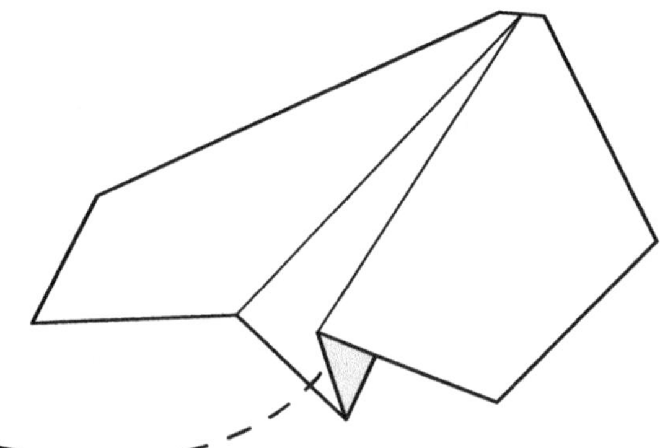

Omari

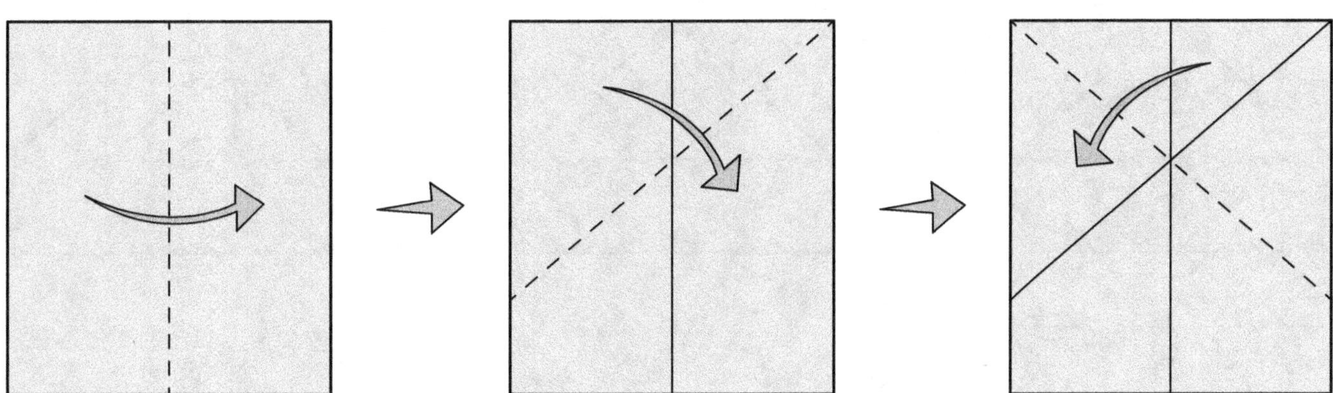

Plie la feuille de papier en deux dans le sens de la longueur, puis déplie-la. Plie ensuite l'un des coins supérieurs vers le bas en diagonale, déplie-le, puis répète l'opération avec l'autre coin supérieur, puis déplie-le à nouveau.

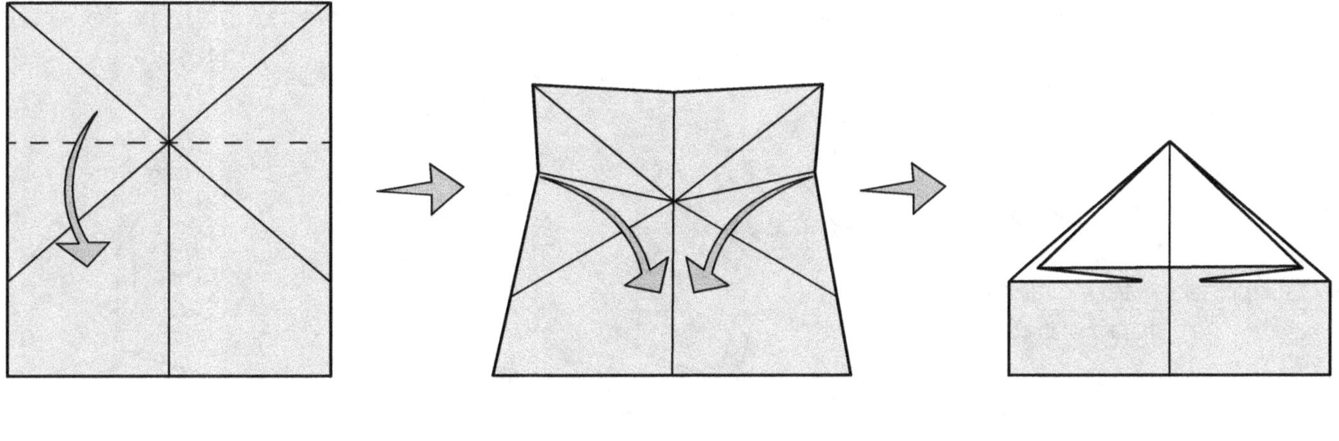

Plie le papier en croix et vers l'intérieur au point où toutes les lignes de l'étape précédente se rejoignent, comme indiqué sur le dessin.

Omari

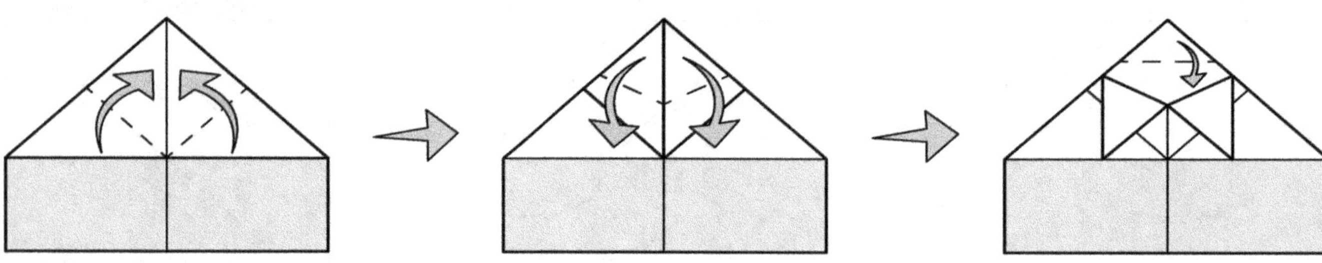

Étape 3

Plie les coins inférieurs de la couche supérieure vers le haut, puis rabats-les comme indiqué sur le dessin.

Étape 4

Plie la pointe du triangle vers le bas sur les rabats que tu viens de faire.

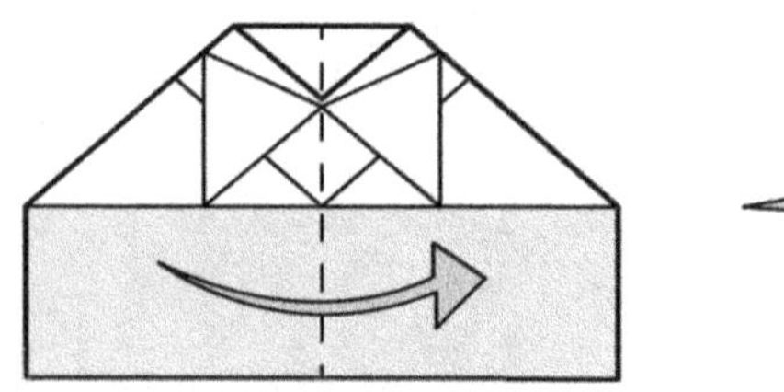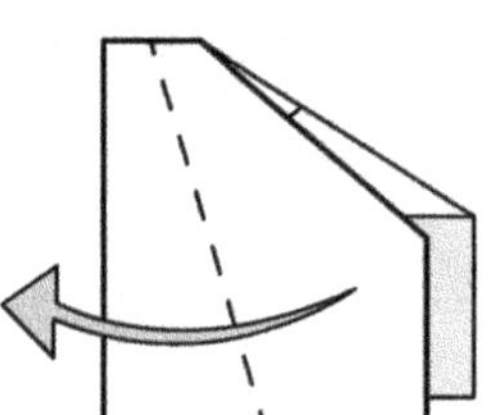

Étape 5

Plie l'avion le long de sa ligne centrale. Puis plie les deux côtés vers le bas pour former les ailes, comme indiqué sur le dessin.

Étape 6

Déplie les deux ailes à moitié et appuie dessus.

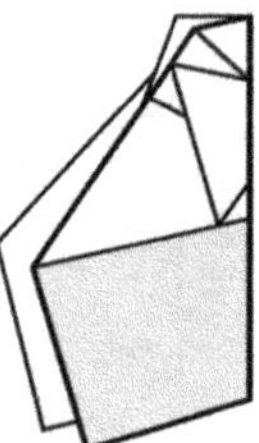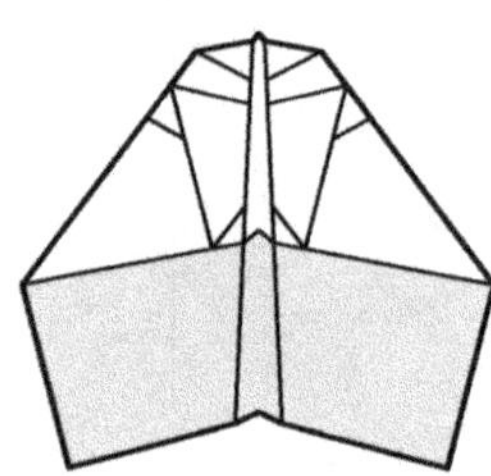

Astuce

Fais en sorte de tenir l'avant de l'avion légèrement plus haut que le reste et lance-le avec une force moyenne.

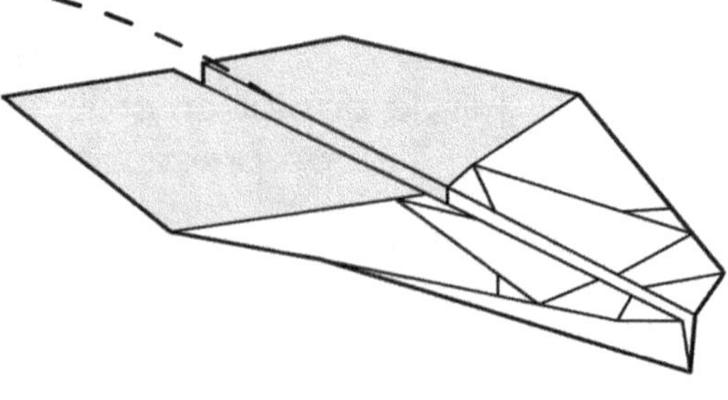

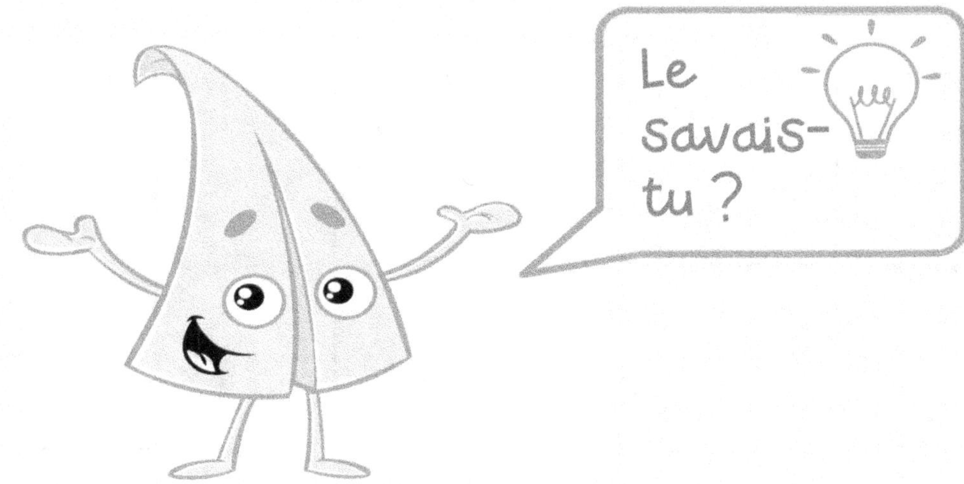

Fumihiro Uno détient le record de précision en matière d'avions en papier. Le 10 janvier 2010, il a lancé 13 avions en papier dans un seau en l'espace de deux minutes et demie, à une distance de quasiment trois mètres.

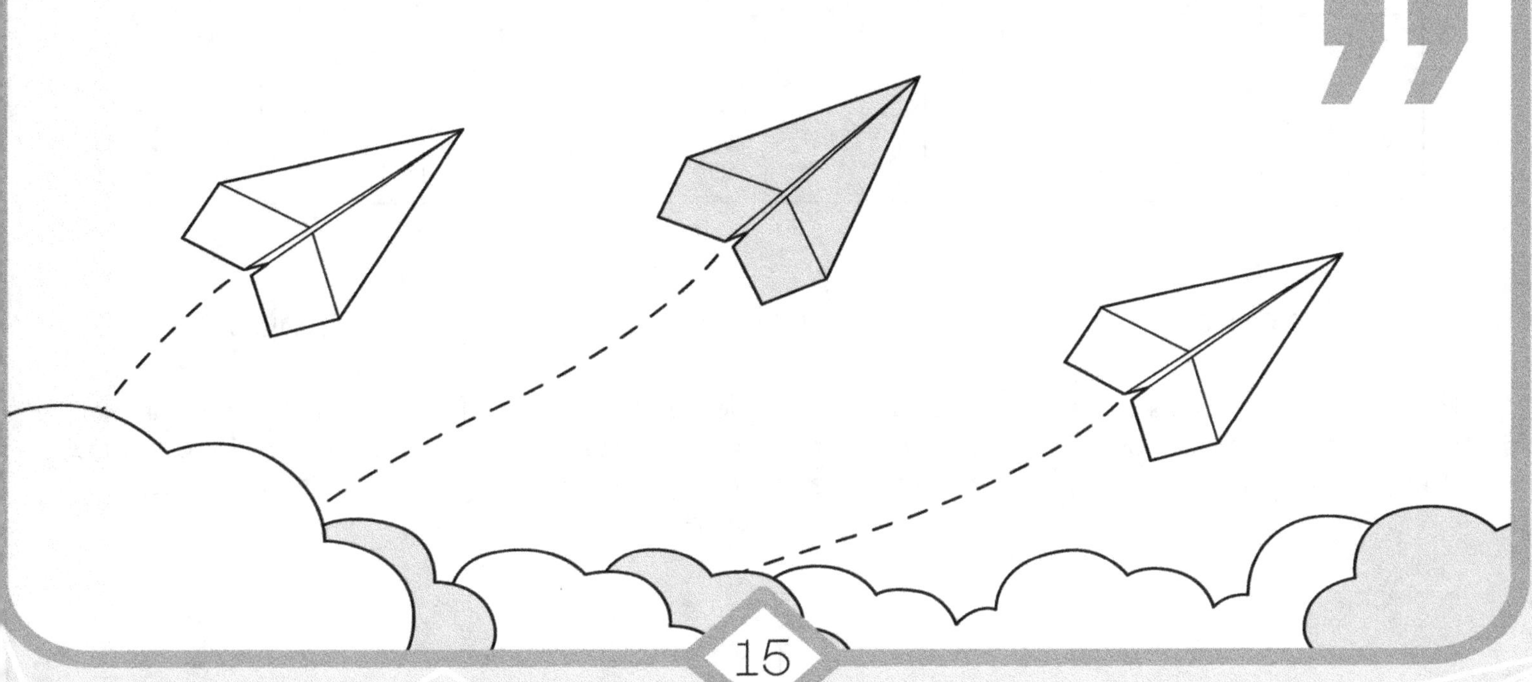

Planeur XXL

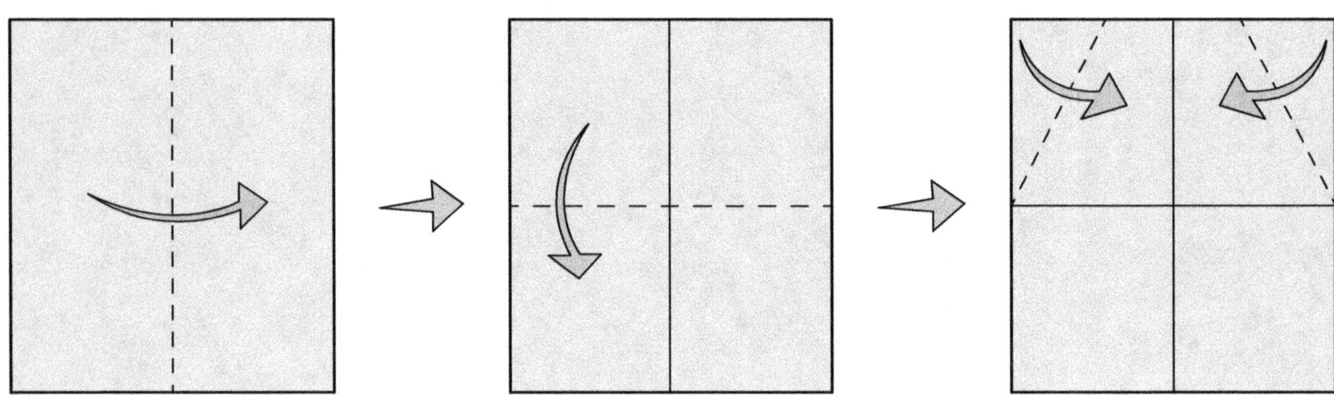

Étape 1

Plie la feuille de papier en deux dans le sens de la longueur et de la largeur, puis déplie-la.

Étape 2

Rabats les coins supérieurs sur la ligne centrale, en laissant un petit espace entre eux, comme indiqué sur le dessin.

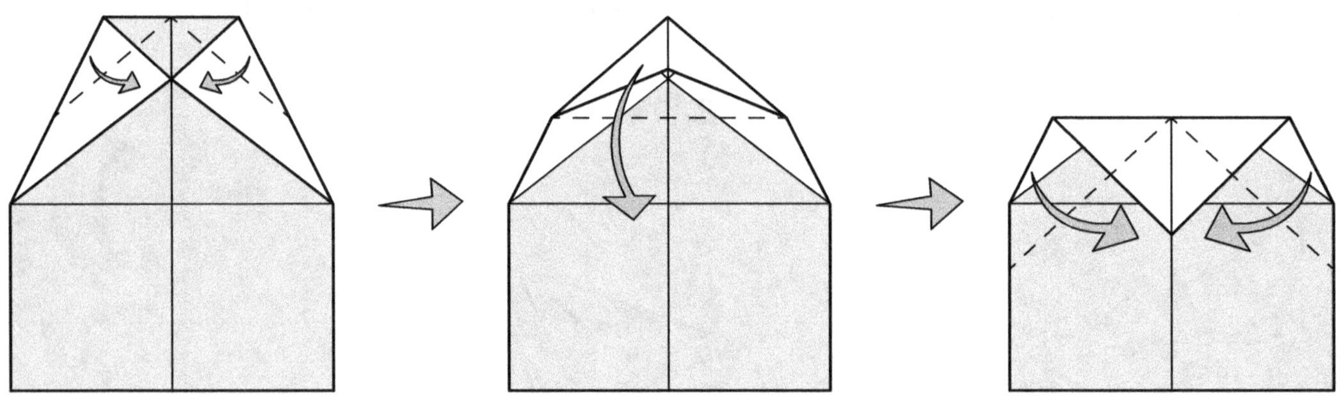

Étape 3

Rabats à nouveau les coins supérieurs vers le bas, jusqu'à la ligne centrale cette fois.

Étape 4

Rabats le haut de l'avion sur le pli horizontal de sorte que la pointe se retrouve légèrement plus bas que le pli.

Étape 5

Plie les coins supérieurs vers le bas jusqu'à la ligne centrale, puis déplie-les.

Planeur XXL

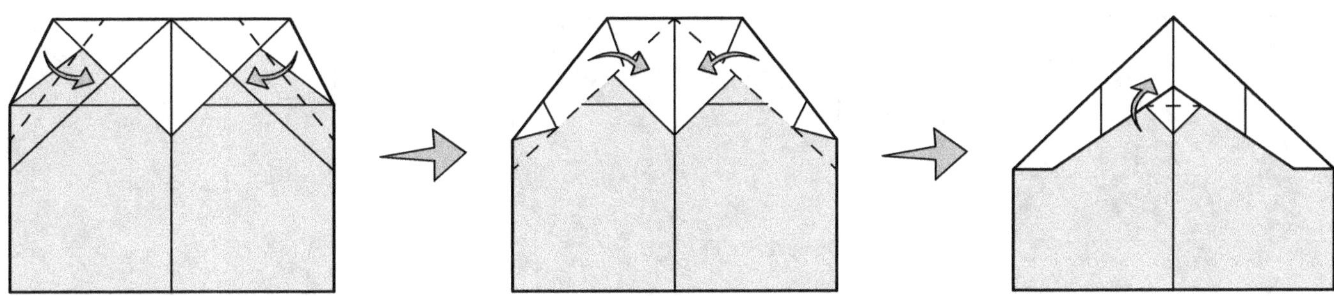

Étape 6

Plie les deux coins supérieurs vers le bas à la même hauteur que les plis que tu viens de faire.

Étape 7

Rabats à nouveau les deux coins supérieurs sur ces plis. Plie ensuite la pointe de la couche inférieure vers le haut pour fixer les rabats.

Étape 8

Plie l'avion en deux dans le sens de la longueur. Puis replie les deux côtés comme indiqué sur le dessin pour former les ailes.

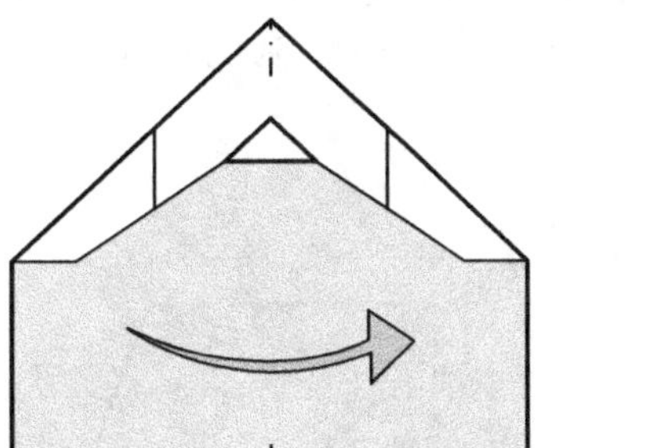

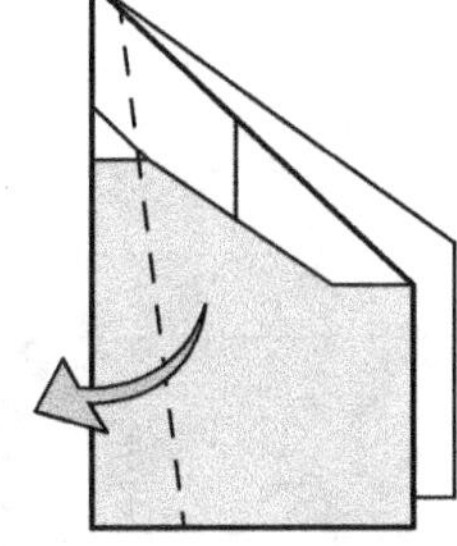

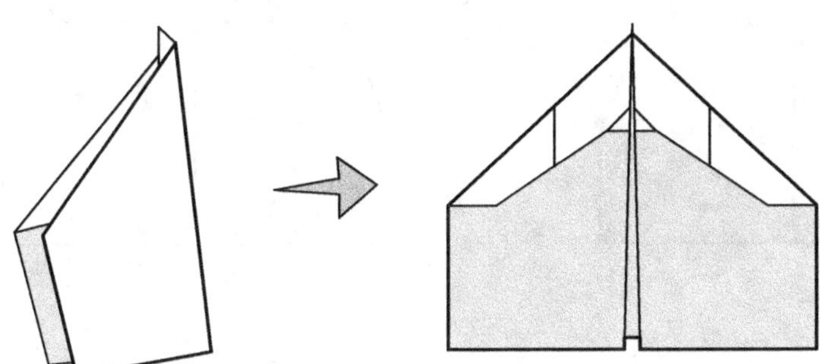

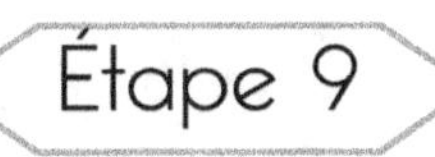

Astuce

Lance cet avion avec une force faible à moyenne.

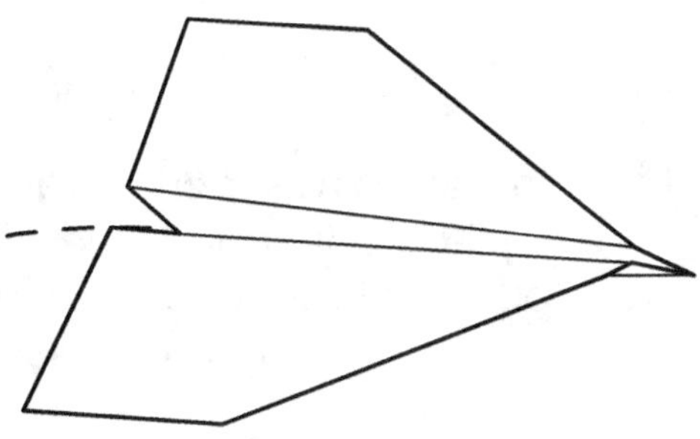

Étape 9

Déplie les deux ailes à moitié et appuie dessus.

Marteau

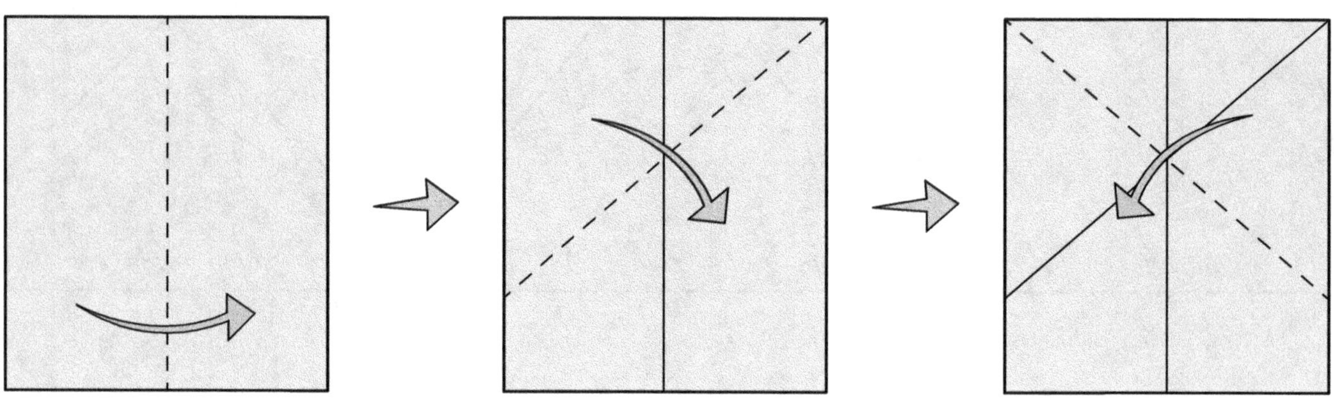

Étape 1

Plie la feuille de papier en deux dans le sens de la longueur, puis déplie-la. Plie ensuite l'un des coins supérieurs en diagonale vers le bas, déplie-le, puis répète l'opération avec l'autre coin supérieur avant de le déplier à nouveau.

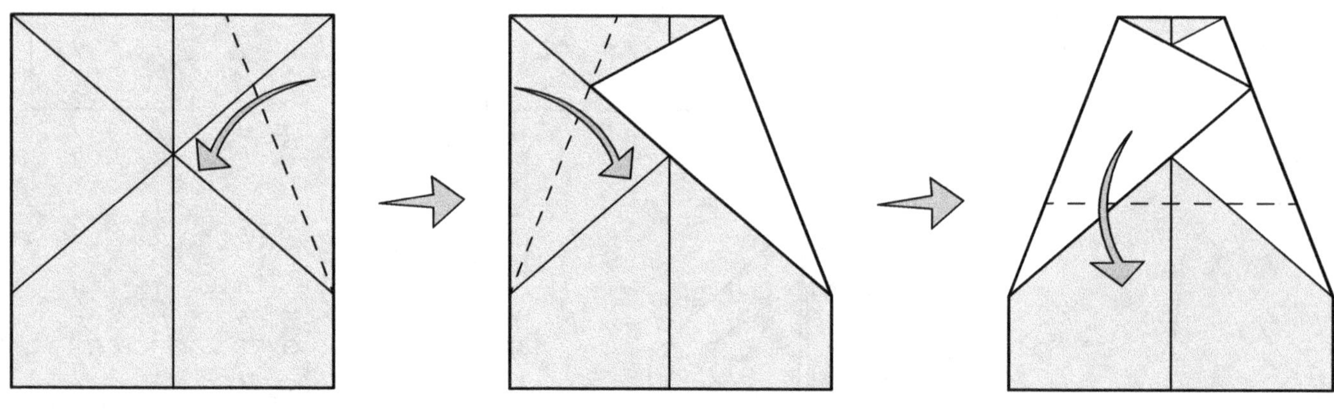

Étape 2

Plie l'un des coins supérieurs vers le bas à la même hauteur que le pli du côté que tu viens de faire. Répète l'opération avec l'autre coin supérieur de façon à ce qu'ils se retrouvent l'un au-dessus de l'autre.

Étape 3

Plie l'avion en deux dans le sens de la largeur.

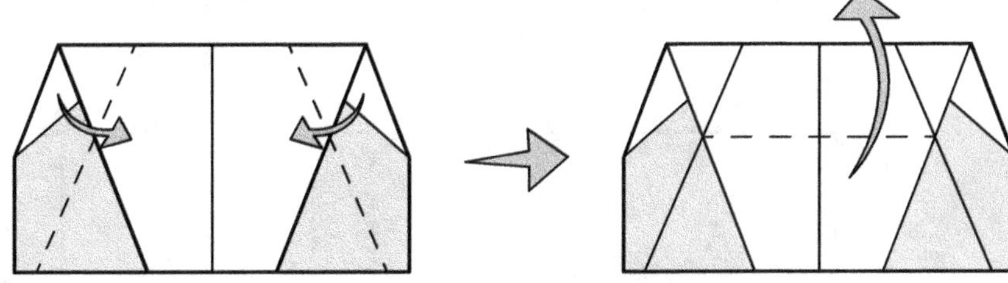

Étape 4

Plie les deux côtés vers l'intérieur comme indiqué, puis déplie-les. Plie la couche supérieure vers le haut de sorte qu'elle touche le pli que tu viens de faire.

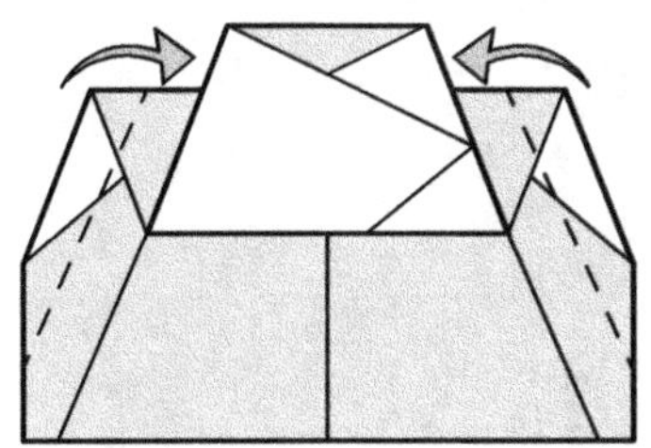 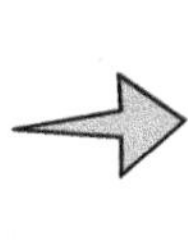 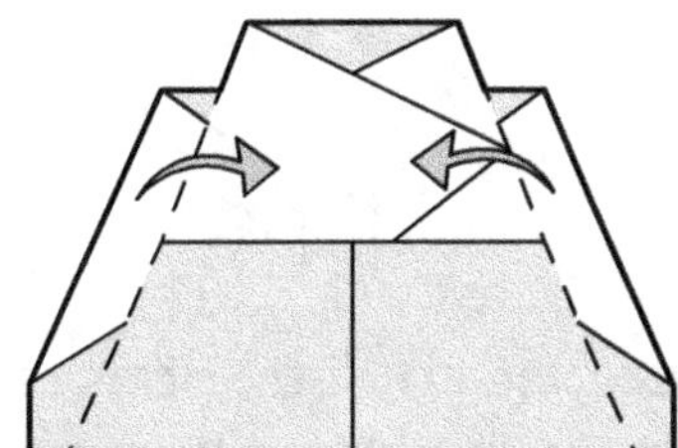  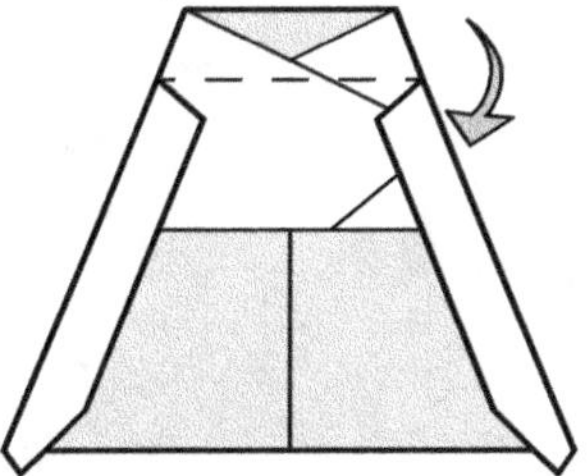

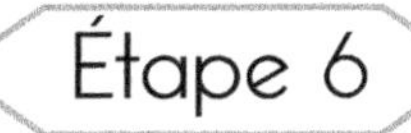

Étape 5

Plie les coins supérieurs vers l'intérieur de sorte qu'ils rejoignent ces mêmes plis. Puis replie-les à nouveau le long de ces plis.

Étape 6

Plie la pointe vers le bas jusqu'à ces rabats.

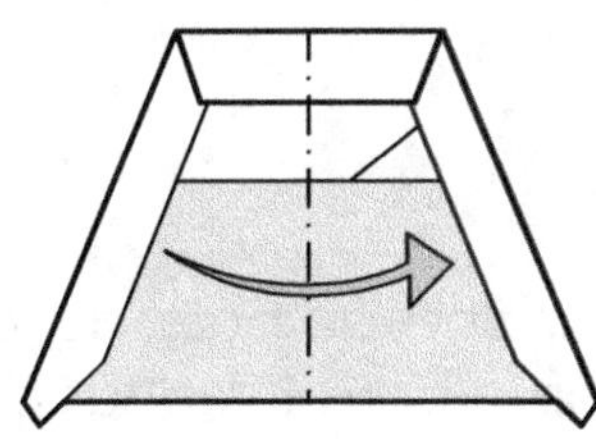  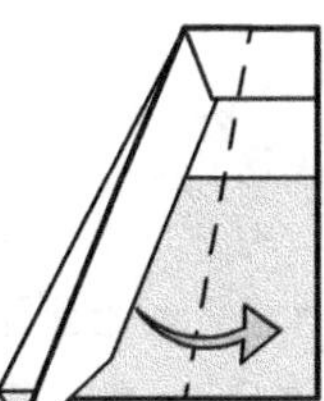  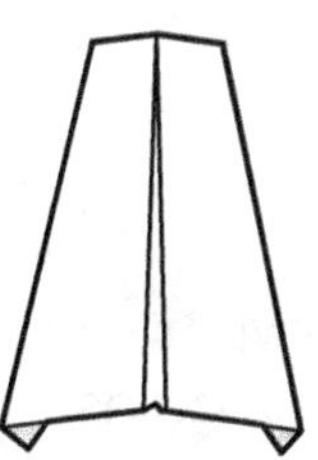

Étape 7

Plie l'avion en deux dans le sens de la longueur. Plie ensuite les deux côtés comme indiqué sur le dessin pour former les ailes. Déplie-les à moitié et appuie dessus.

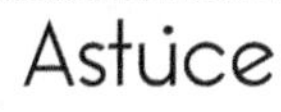

Astuce

Lance cet avion de toutes tes forces. Tu verras comme il volera loin !

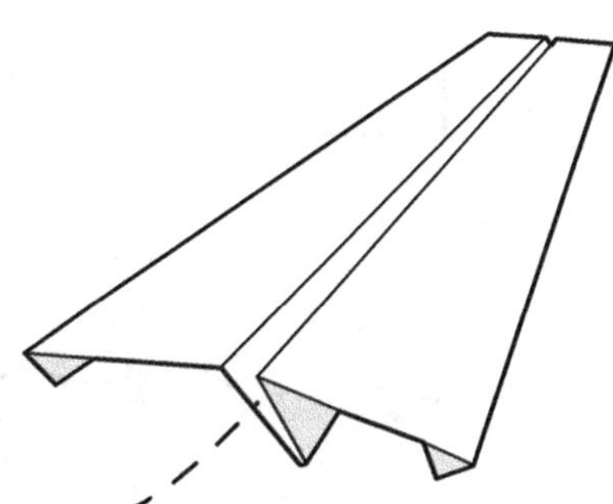

Aviateur

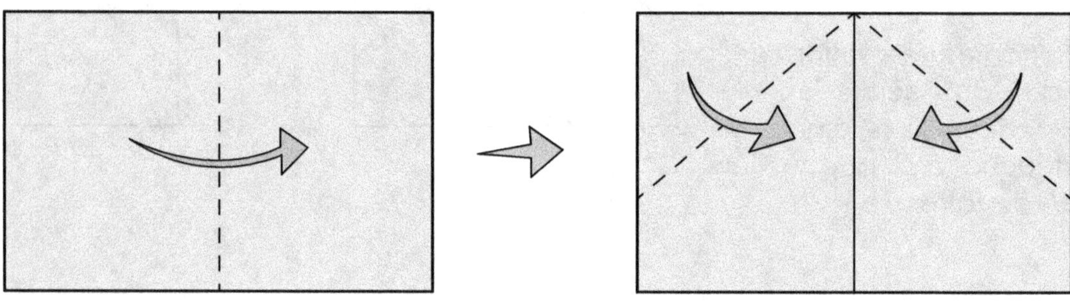

Plie la feuille de papier en deux dans le sens de la longueur, puis déplie-la. Plie ensuite les coins supérieurs jusqu'à la ligne centrale.

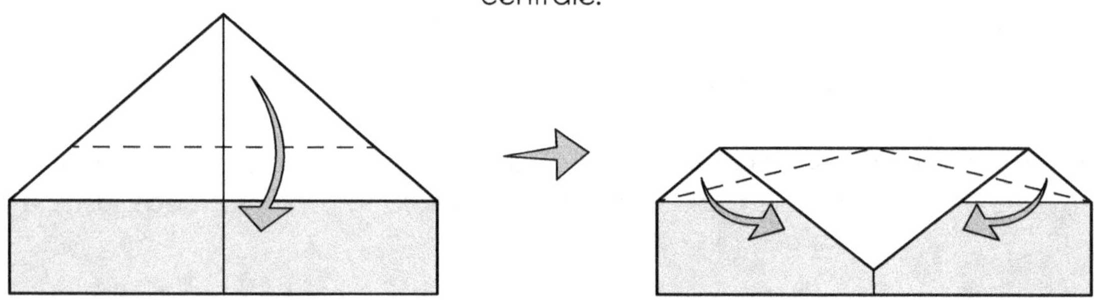

Ramène le haut de l'avion vers le bas en laissant un petit espace par rapport au bord de la feuille. Puis plie les deux coins supérieurs vers le bas, en commençant par le bord inférieur du triangle de l'étape précédente.

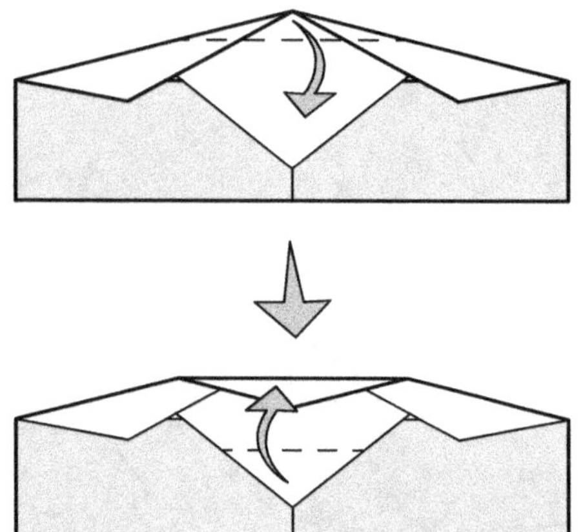

Rabats légèrement le haut de l'avion, puis rabats la pointe de la couche inférieure par-dessus.

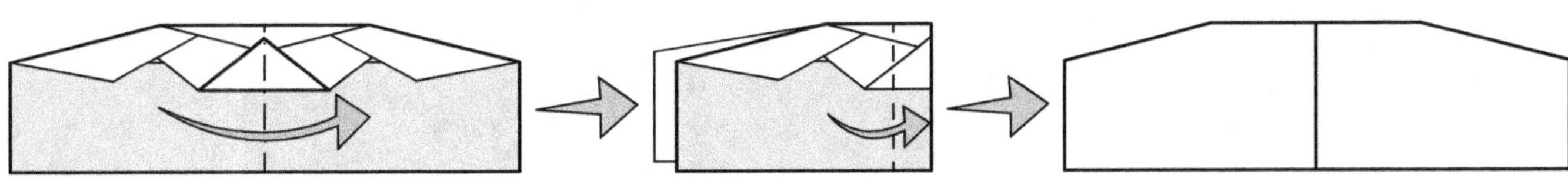

Étape 4

Plie l'avion en deux dans le sens de la longueur. Plie ensuite l'un des côtés comme indiqué sur le dessin pour former une aile.

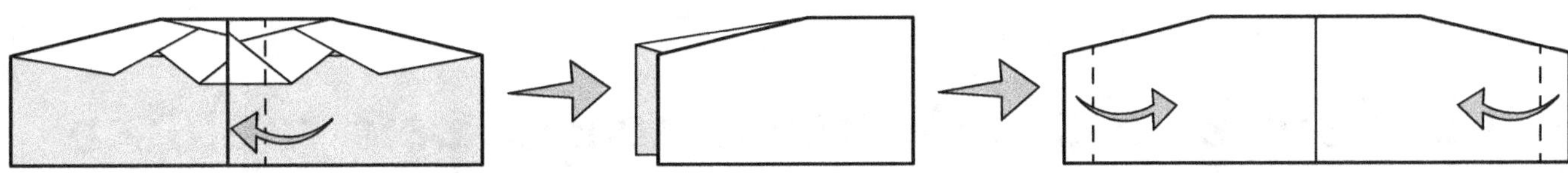

Étape 5

Répète l'opération de l'autre côté pour former l'autre aile. Plie ensuite les bords à mi-hauteur pour obtenir un rabat sur chaque aile.

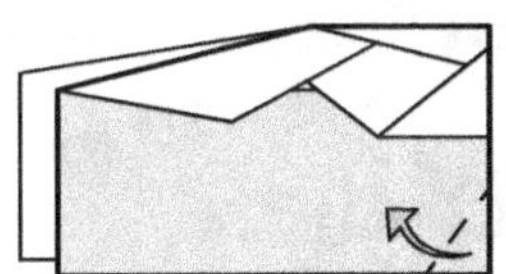
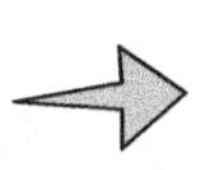
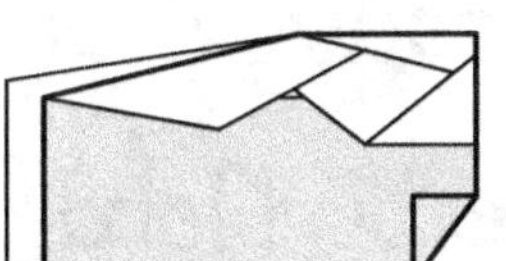
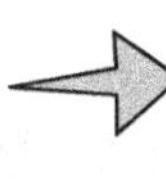
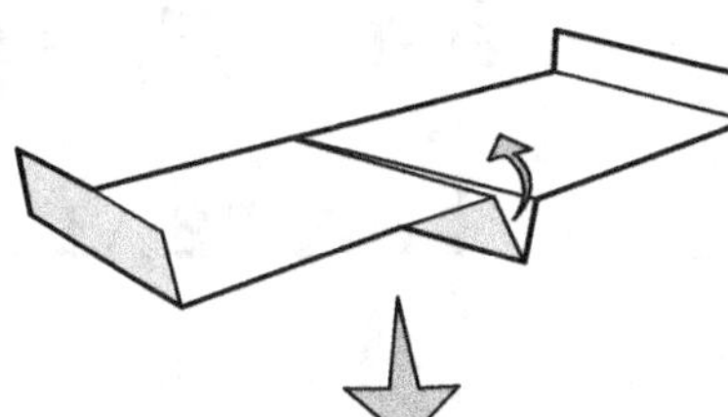

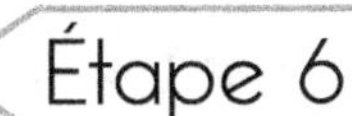

Étape 6

Plie le coin inférieur, puis déplie-le pour former un pli. Ouvre ensuite les ailes, plie ce coin vers le haut entre ces dernières et appuie.

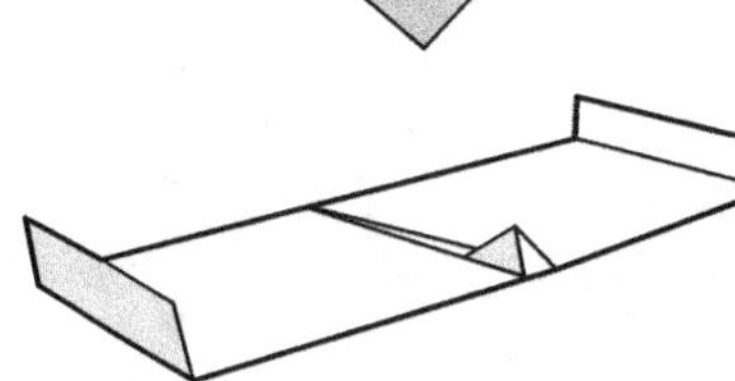

Astuce

Fais remonter les ailes du bas vers le haut et lance cet avion avec une force moyenne.

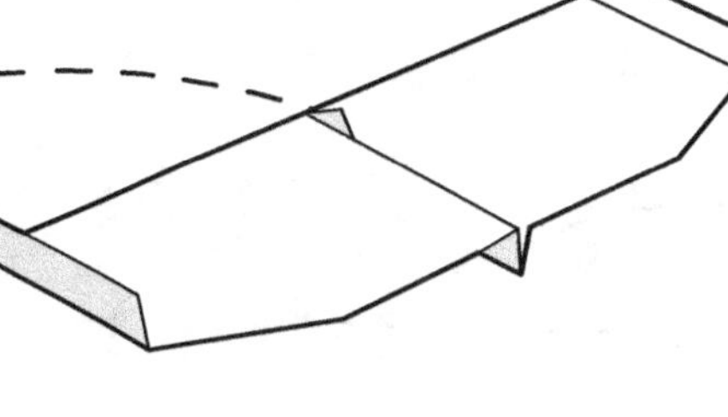

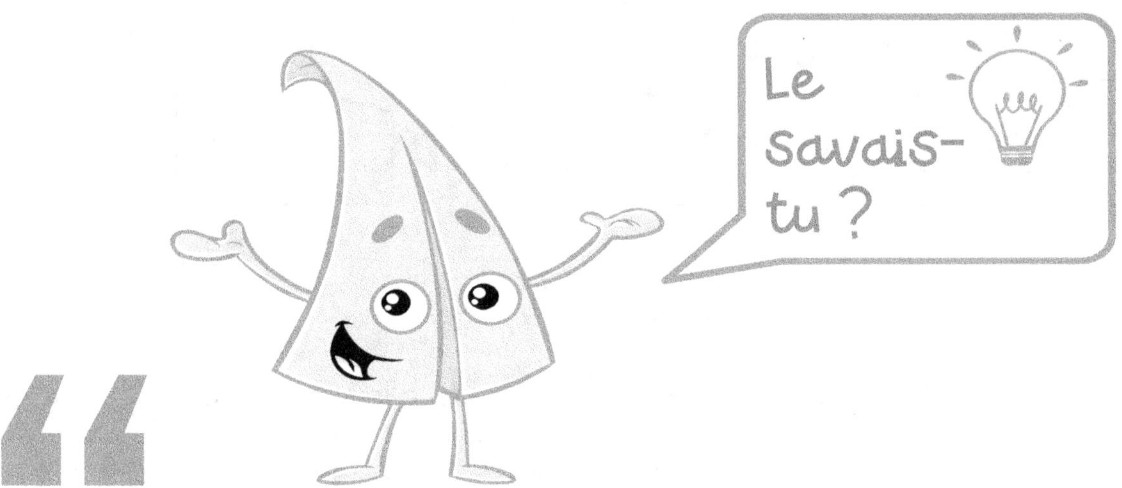

En février 2011, 200 avions conçus pour résister à des vents de 160 kilomètres par heure ont été lâchés d'un ballon météorologique à 37 kilomètres au-dessus de l'Allemagne. Ces avions ont ensuite été retrouvés un peu partout en Europe, en Amérique du Nord et en Australie.

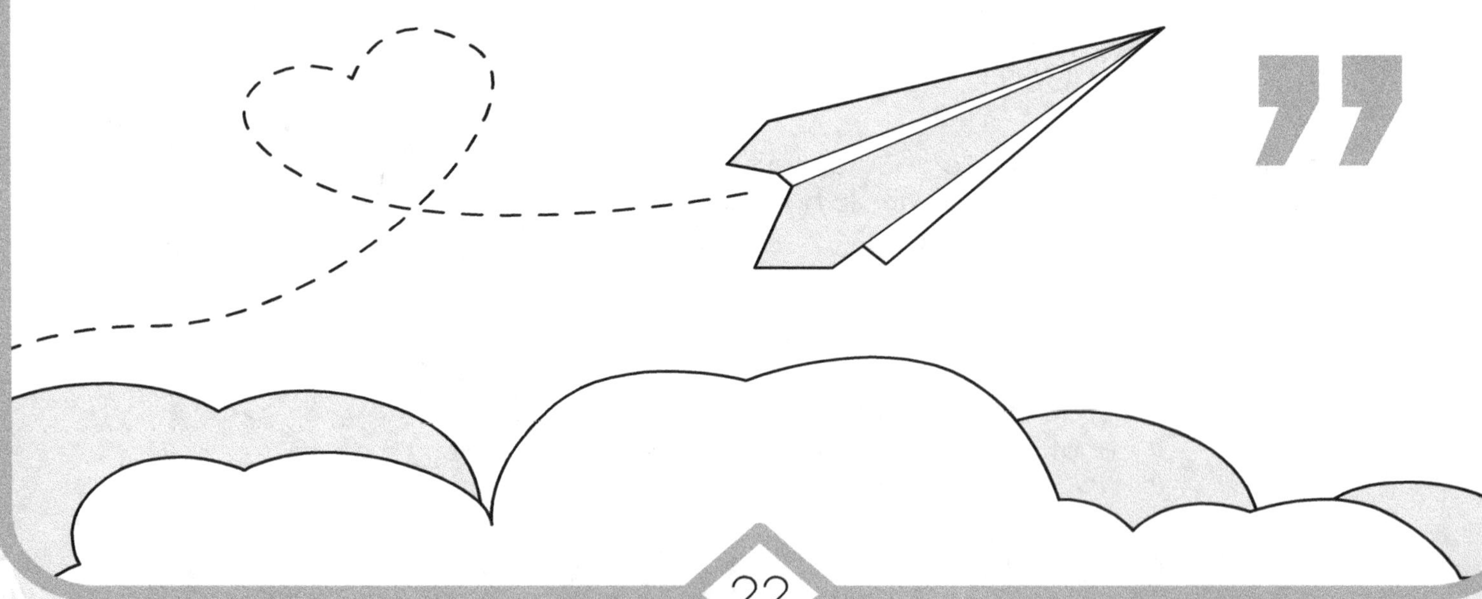

Itinérant

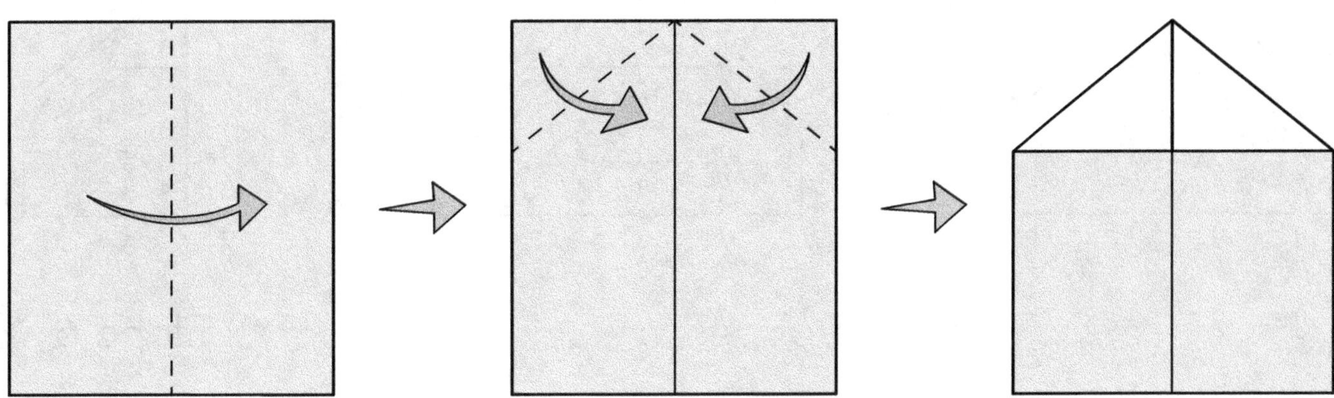

Plie la feuille de papier en deux dans le sens de la longueur, puis déplie-la.

Rabats les coins supérieurs vers la ligne centrale pour former un triangle.

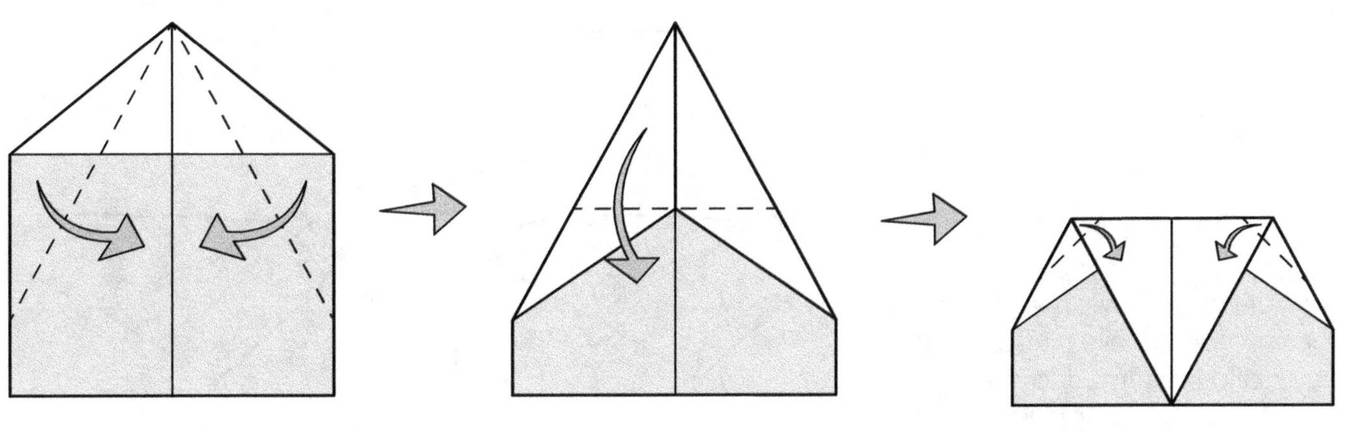

Rabats les coins supérieurs sur la ligne centrale. Plie ensuite l'avion en deux dans le sens de la largeur.

Rabats la pointe des deux coins supérieurs vers l'intérieur, comme indiqué sur le dessin.

Itinérant

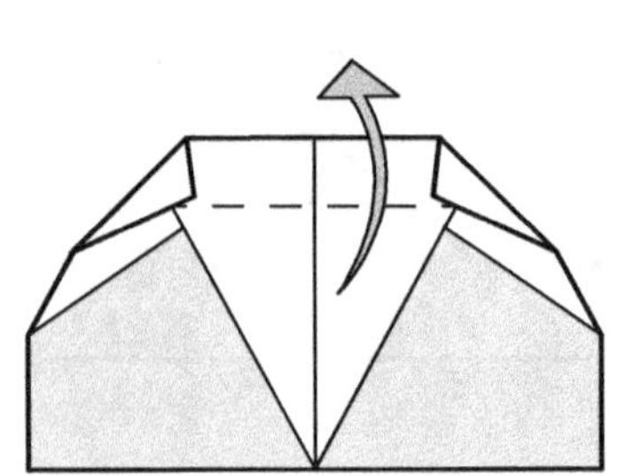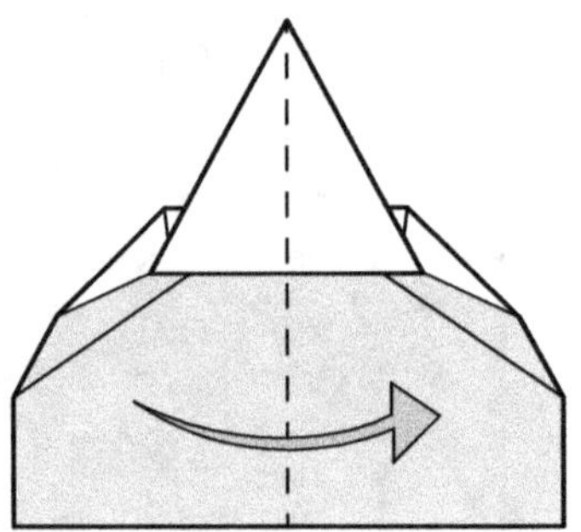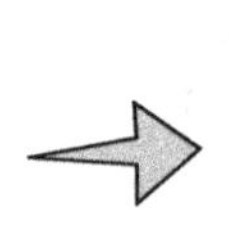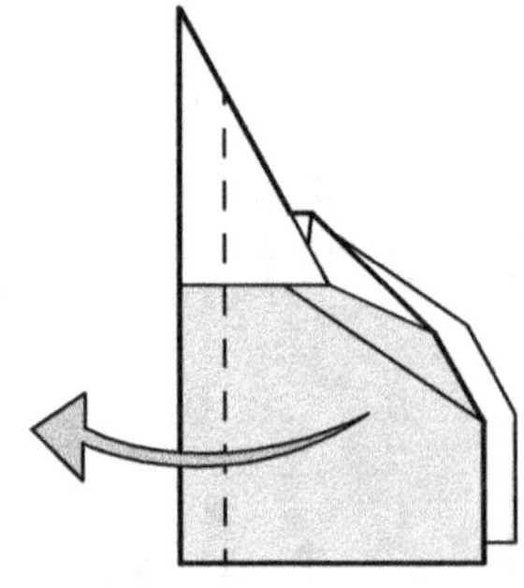

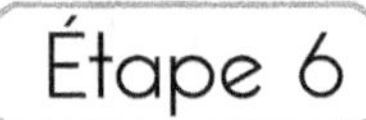

Rabats la couche supérieure vers le haut à l'endroit où ses bords latéraux rejoignent les pointes que tu viens de plier. Plie ensuite l'avion en deux dans le sens de la longueur.

Plie les deux côtés comme indiqué sur le dessin pour former les ailes.

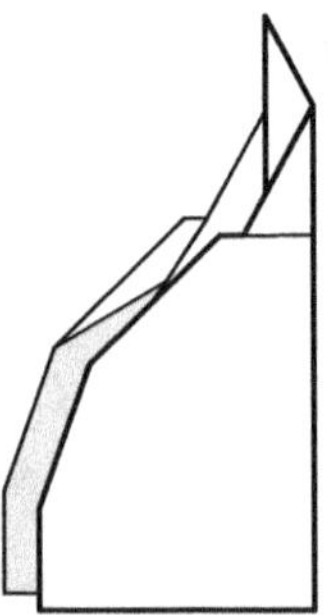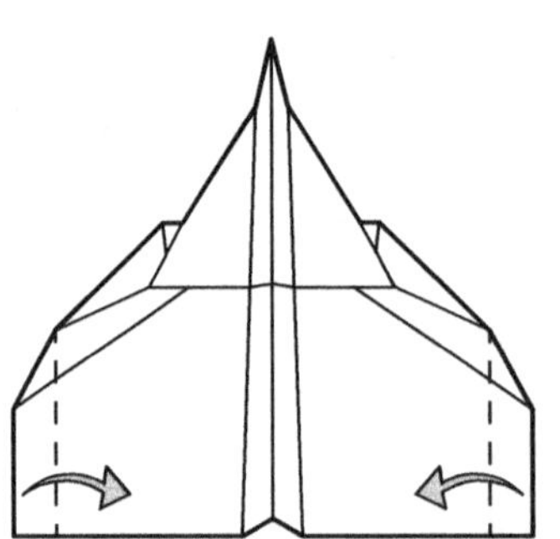

Déplie les deux ailes à moitié. Ensuite, plie les bords à moitié vers le haut pour former un rabat sur chaque aile.

Plie la queue de l'avion vers le haut de façon à ce qu'elle s'insère entre les deux ailes comme indiqué sur le dessin, puis appuie.

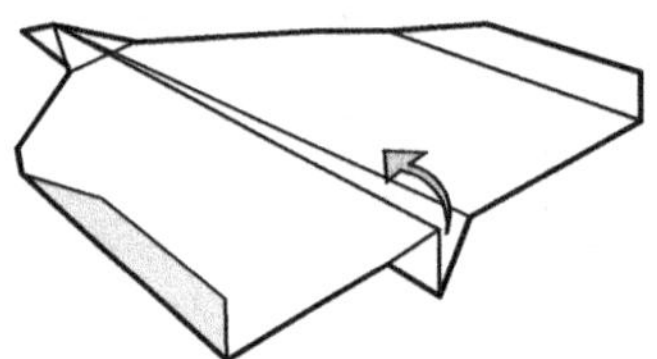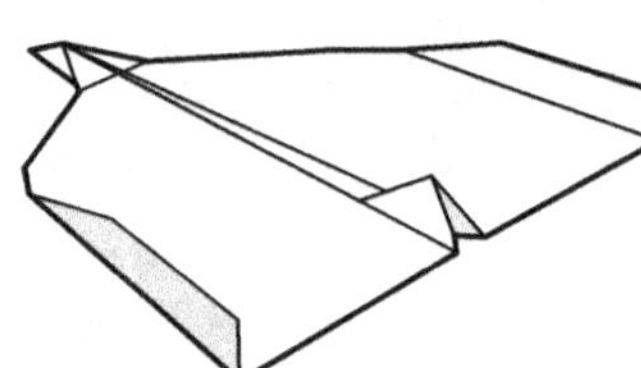

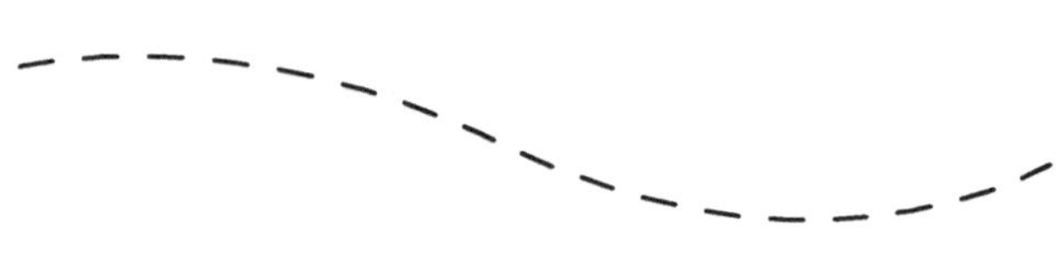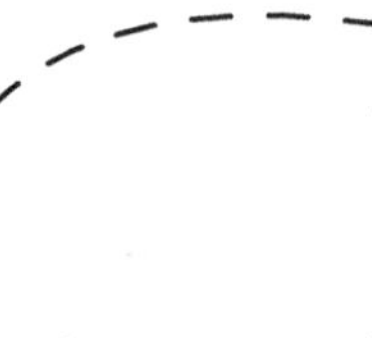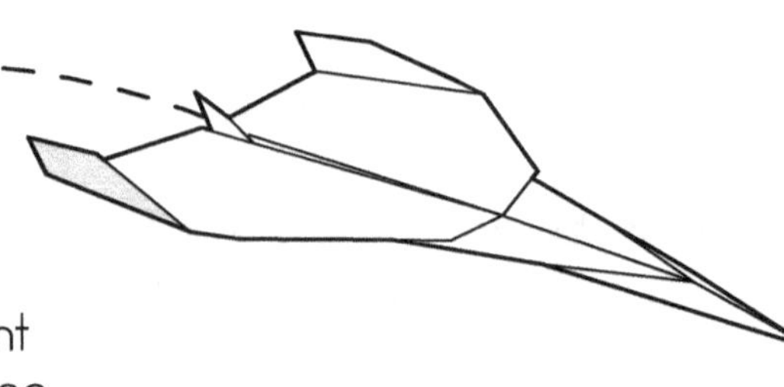

Tiens l'avant de l'avion légèrement plus haut et lance-le avec une force moyenne.

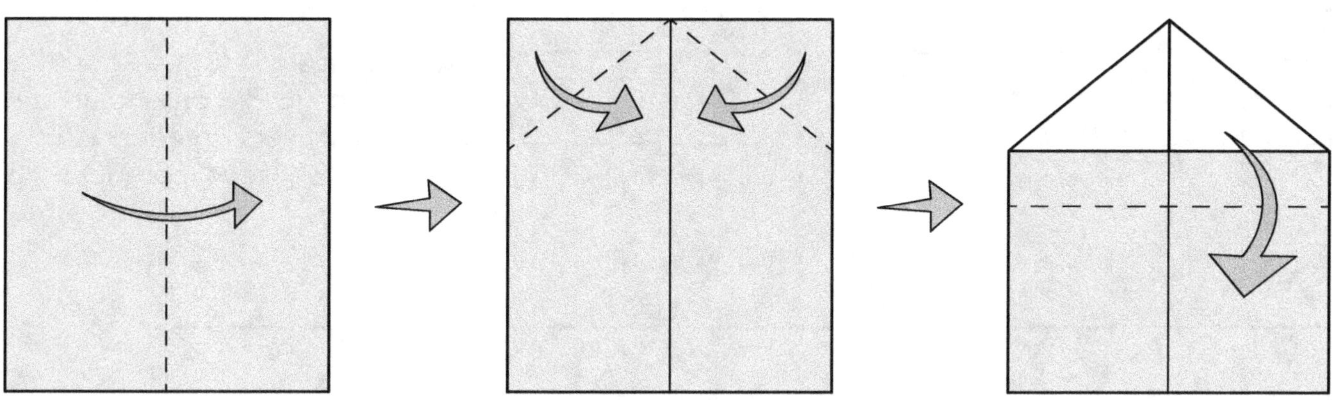

Étape 1

Plie la feuille de papier en deux dans le sens de la longueur, puis déplie-la.

Étape 2

Rabats les coins supérieurs sur la ligne centrale pour former un triangle. Plie ensuite l'avion en deux dans le sens de la largeur.

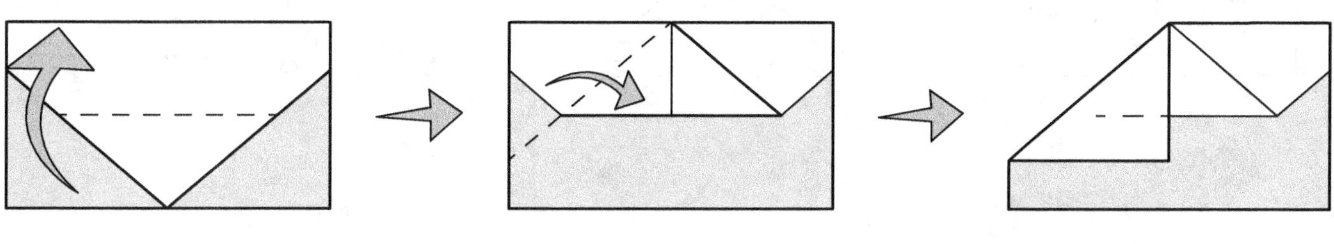

Étape 3

Rabats la couche supérieure vers le haut jusqu'à ce que sa pointe rejoigne le bord supérieur.

Étape 4

Plie le coin supérieur gauche vers la ligne centrale et fais une marque à l'endroit où il rejoint le bord inférieur de la couche supérieure (le bas du pli de l'étape précédente).

Hyper G

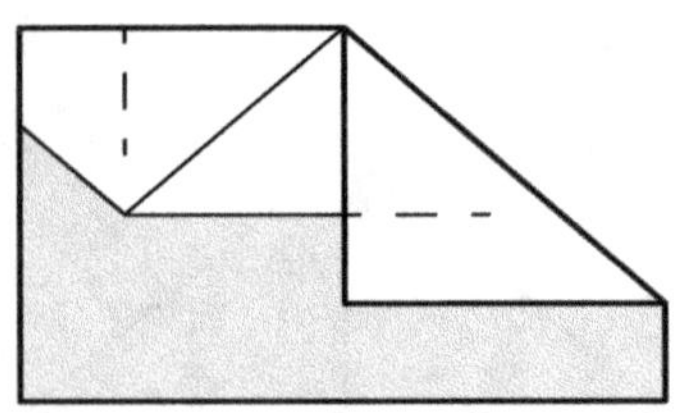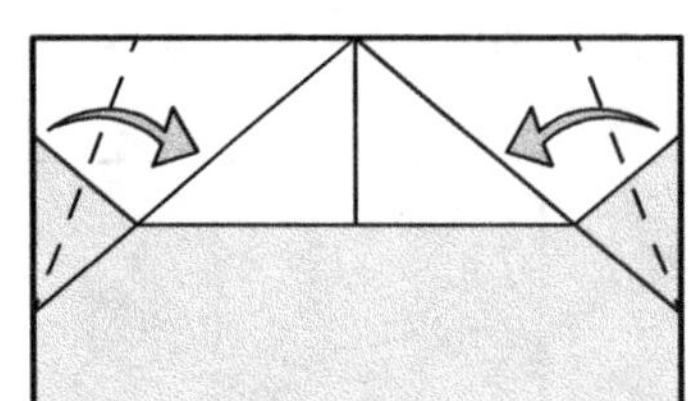

Répète l'étape 4 pour l'autre coin. Plie ensuite les deux coins vers l'intérieur en suivant ces marques.

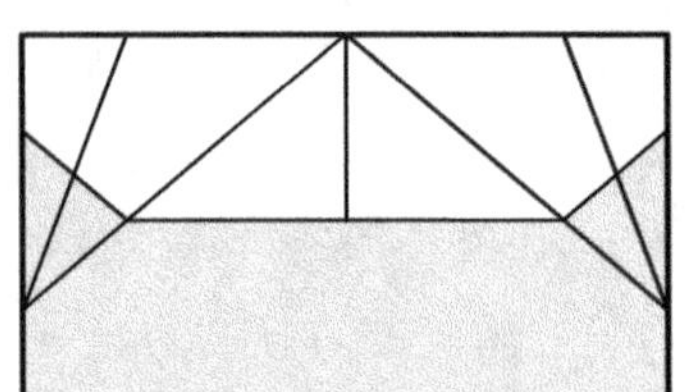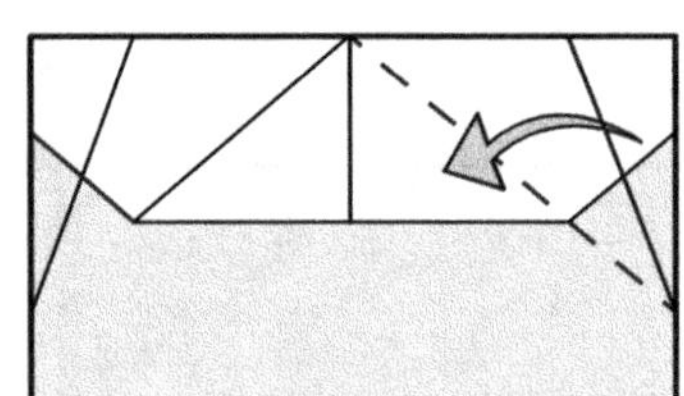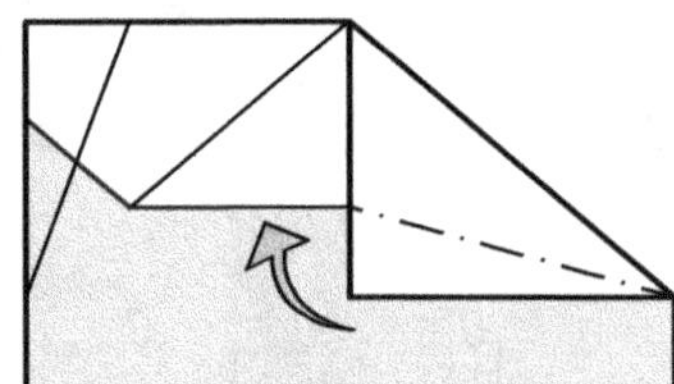

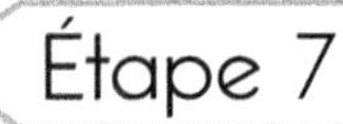

Étape 6

Déplie et plie à nouveau les deux coins supérieurs en diagonale.

Étape 7

Plie vers l'intérieur le long du pli que tu as fait à la fin de l'étape 5 de façon à ce qu'il se retrouve sous la couche supérieure.

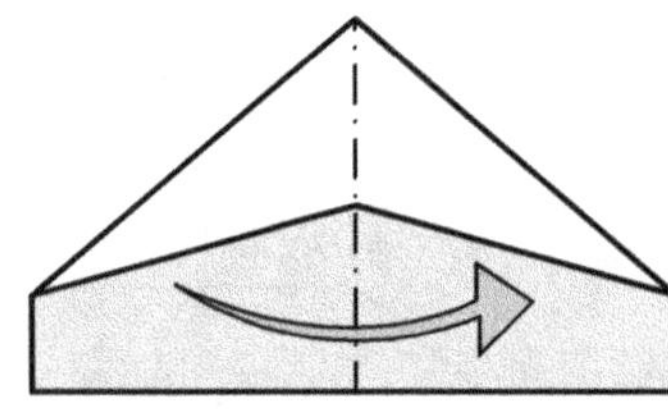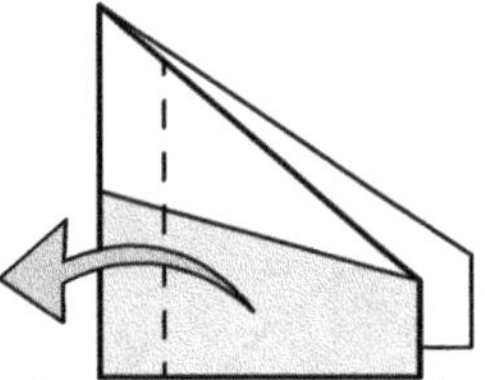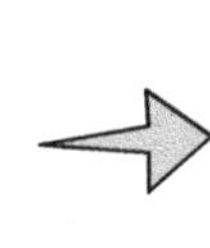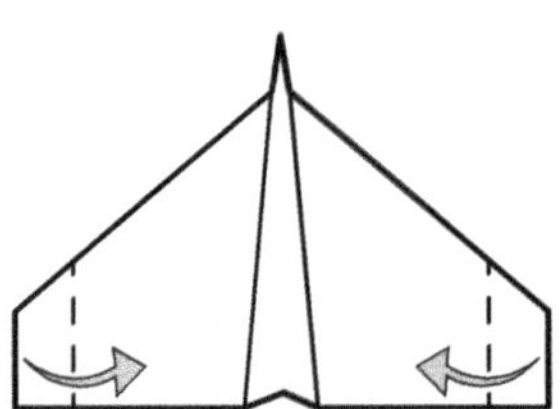

Étape 8

Plie l'avion en deux dans le sens de la longueur. Ensuite, plie les deux côtés pour former les ailes comme indiqué sur le dessin et déplie-les à mi-hauteur. Enfin, fais un rabat sur chaque aile.

Astuce

Lance cet avion avec une force moyenne.

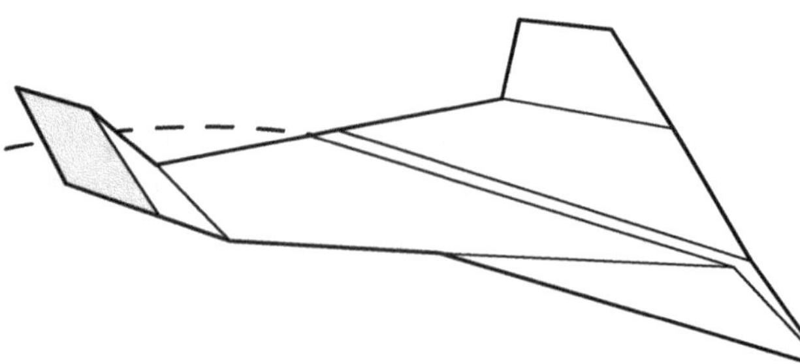

Verdun

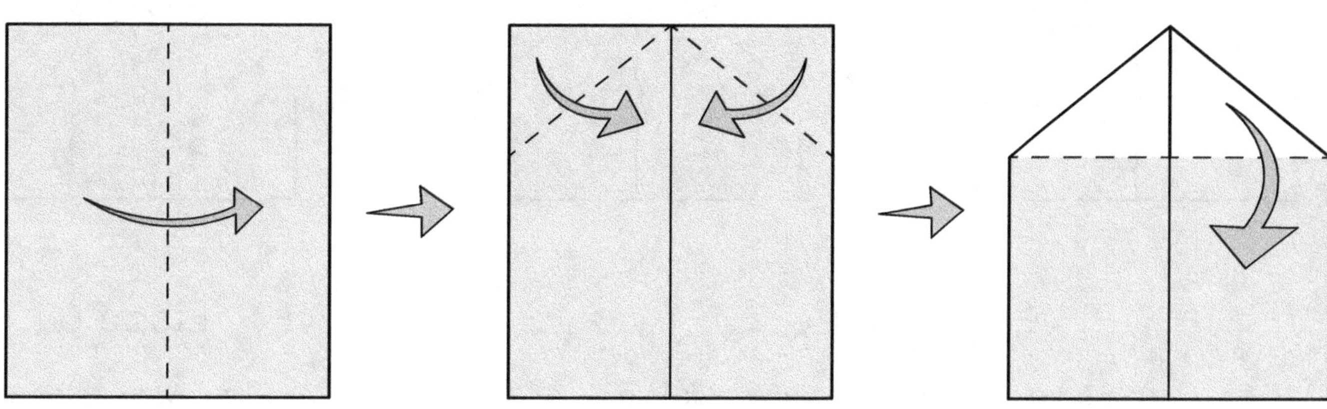

Étape 1

Plie la feuille de papier
en deux dans le sens de
la longueur, puis
déplie-la.

Étape 2

Rabats les coins supérieurs sur la ligne
centrale pour former un triangle. Plie
ensuite l'ensemble du triangle vers le bas.

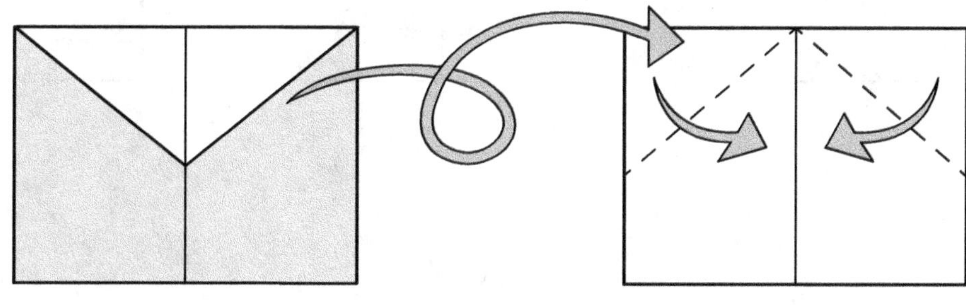

Étape 3

Retourne l'avion et rabats à
nouveau les coins supérieurs vers
la ligne centrale.

Étape 4

Retourne à nouveau
l'avion, puis plie en deux
la couche supérieure en
forme de losange.

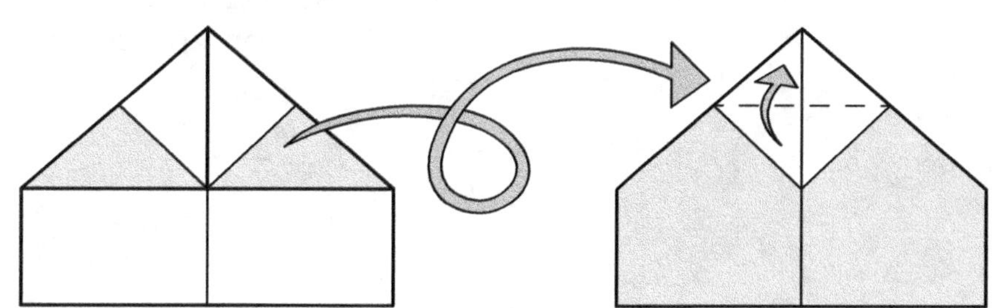

Verdun

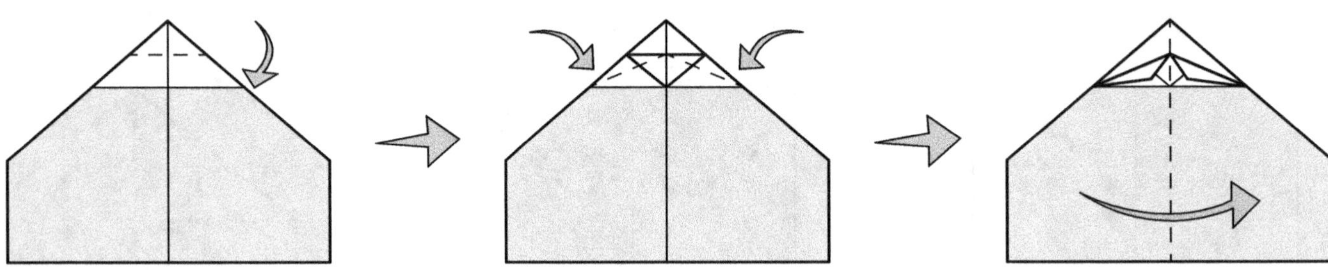

Étape 5

Plie à nouveau la pointe en deux. Plie ensuite ses coins supérieurs vers le bas, comme indiqué sur le dessin.

Étape 6

Plie l'avion en deux dans le sens de la longueur.

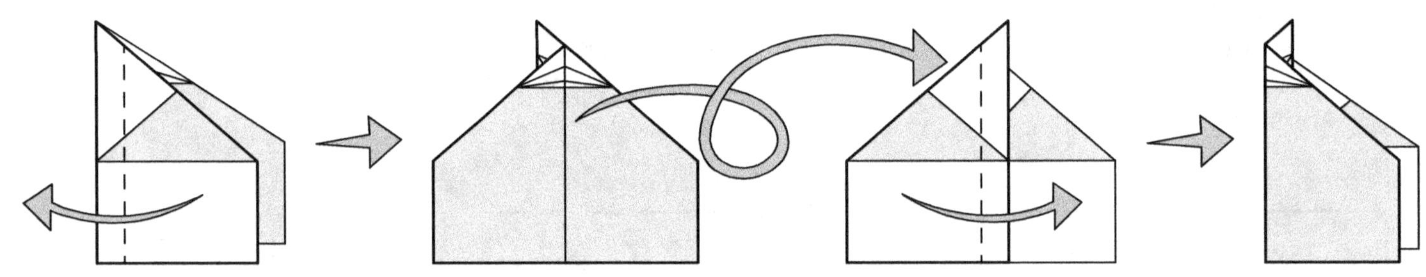

Étape 7

Plie les deux côtés comme indiqué sur le dessin pour former les ailes, puis déplie-les à moitié et appuie dessus. Plie ensuite les deux bords latéraux à mi-hauteur pour obtenir un rabat sur chaque aile.

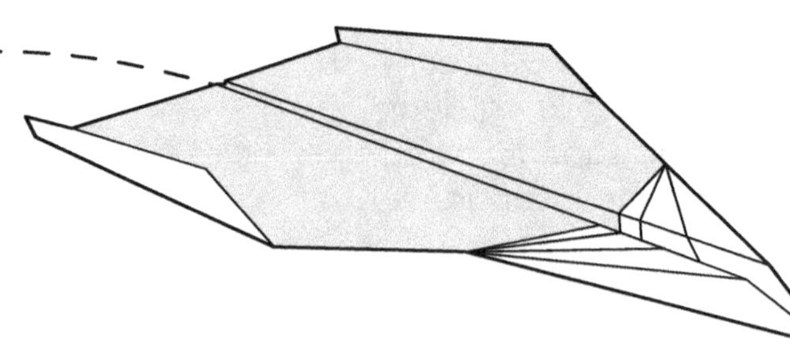

Astuce

Tiens l'avant de l'avion légèrement plus haut et lance-le avec une force moyenne.

Avions fléchettes

Le nom « fléchette » vient du jeu de fléchettes. En effet, la forme de ces avions en papier ressemble aux projectiles, appelés fléchettes, qui sont fournis avec le jeu. Ces avions sont l'un des modèles d'avion en papier les plus simples et sont souvent petits et droits. Les ailes des avions fléchettes sont généralement composées de plusieurs couches et sont plus étroites que celles des avions planeurs. Ces avions se prêtent donc bien à des lancers puissants qui leur permettront de parcourir de plus longues distances. L'avion fléchette peut être lancé à l'intérieur, car il est plus aérodynamique et nécessite moins de portance, mais il peut aussi bénéficier d'une utilisation en extérieur.

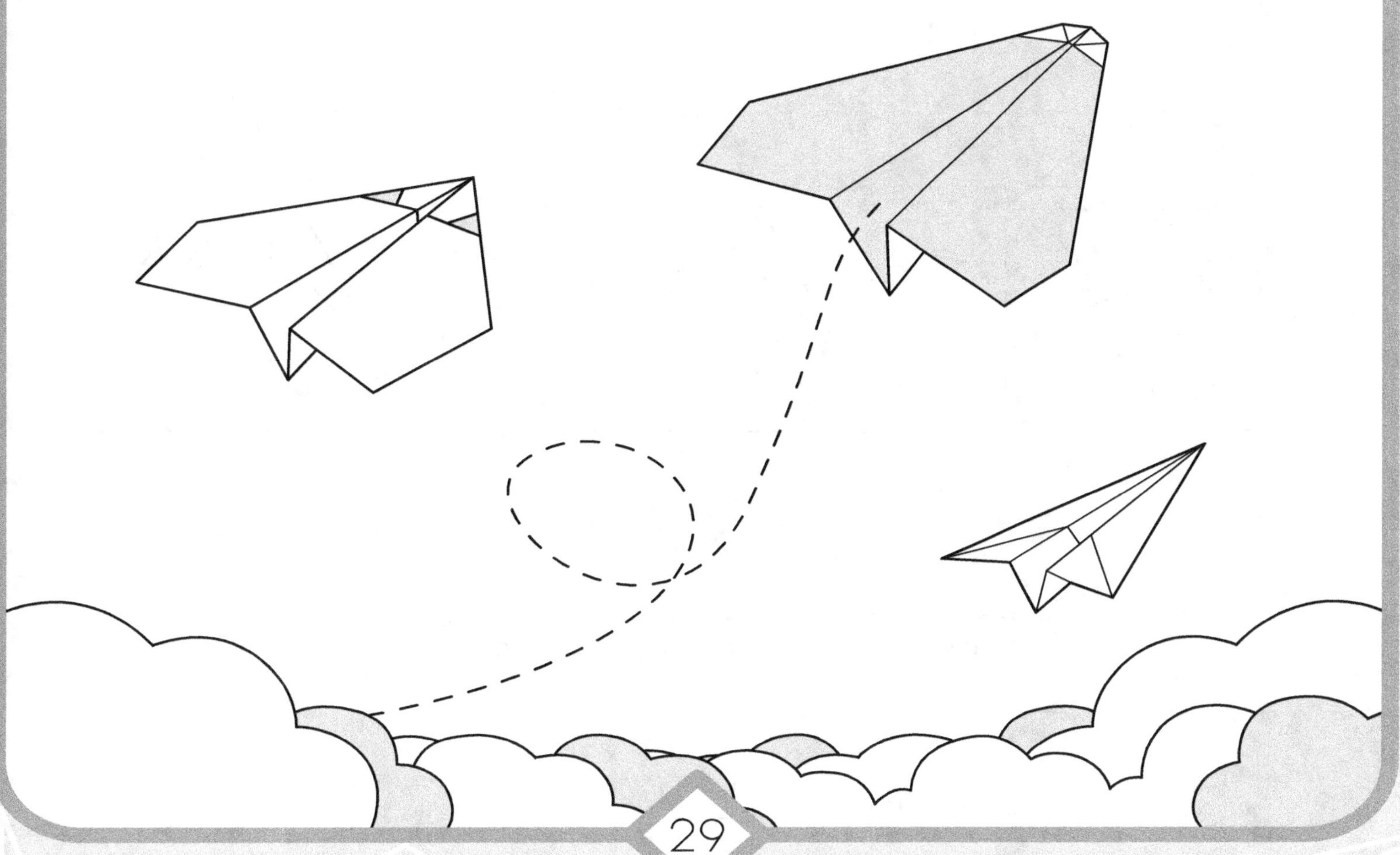

Fléchette classique

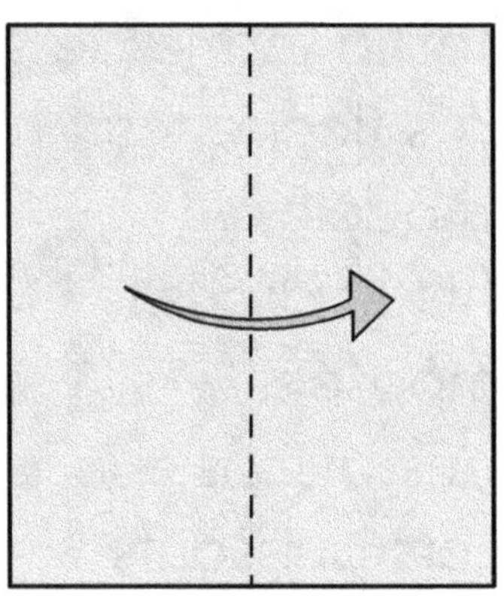

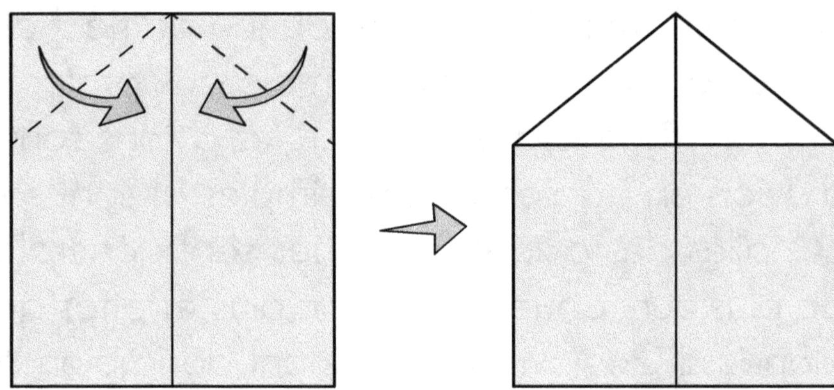

< Étape 1 >

Plie la feuille de papier
en deux dans le sens
de la longueur, puis
déplie-la.

< Étape 2 >

Rabats les coins supérieurs sur la
ligne centrale pour former un triangle.

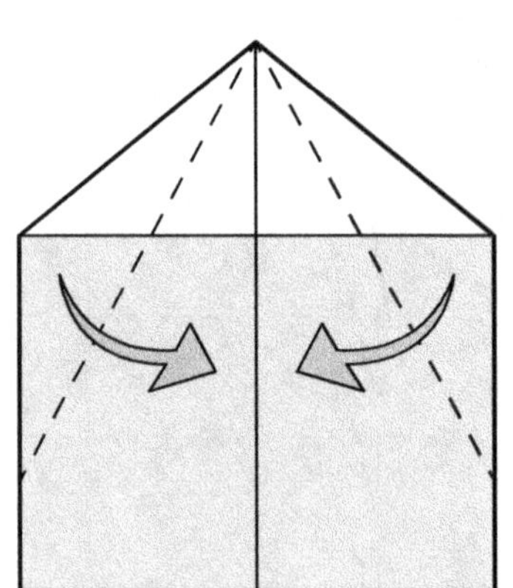

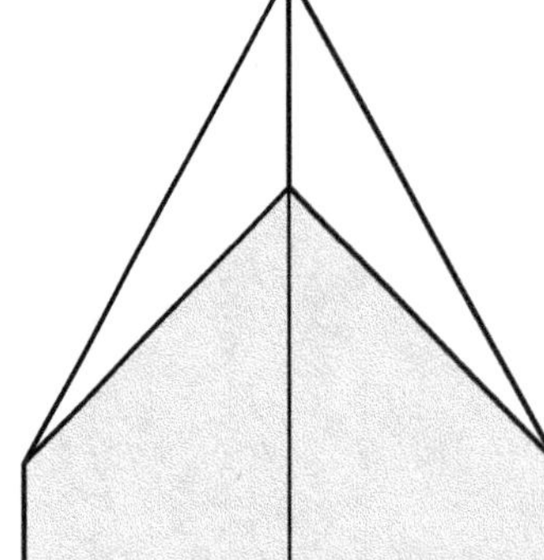

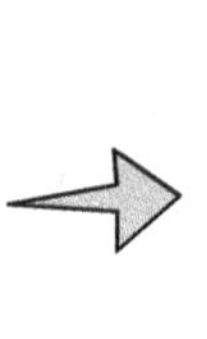

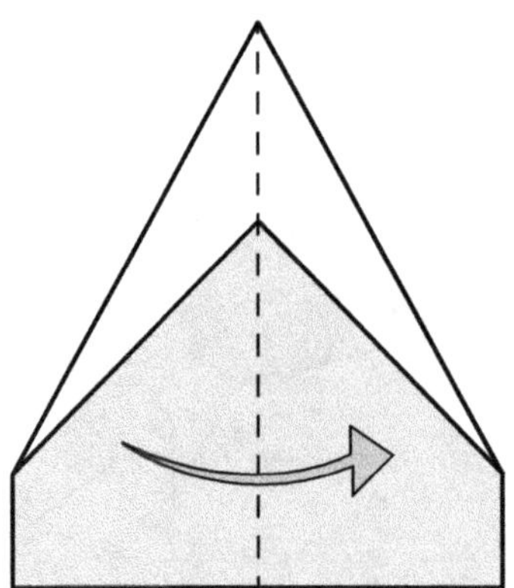

< Étape 3 >

Rabats à nouveau les coins supérieurs vers la ligne centrale.
Plie ensuite l'avion en deux dans le sens de la longueur.

Fléchette classique

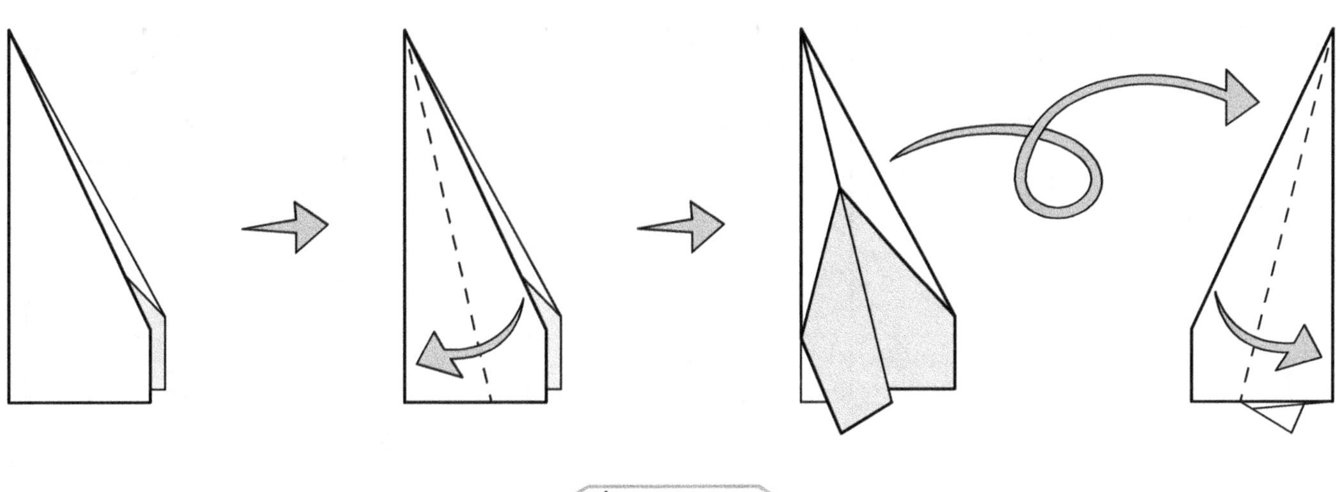

Plie un côté vers le bas le long de sa ligne centrale pour former une aile, puis répète l'opération avec l'autre côté pour former l'autre aile et appuie dessus.

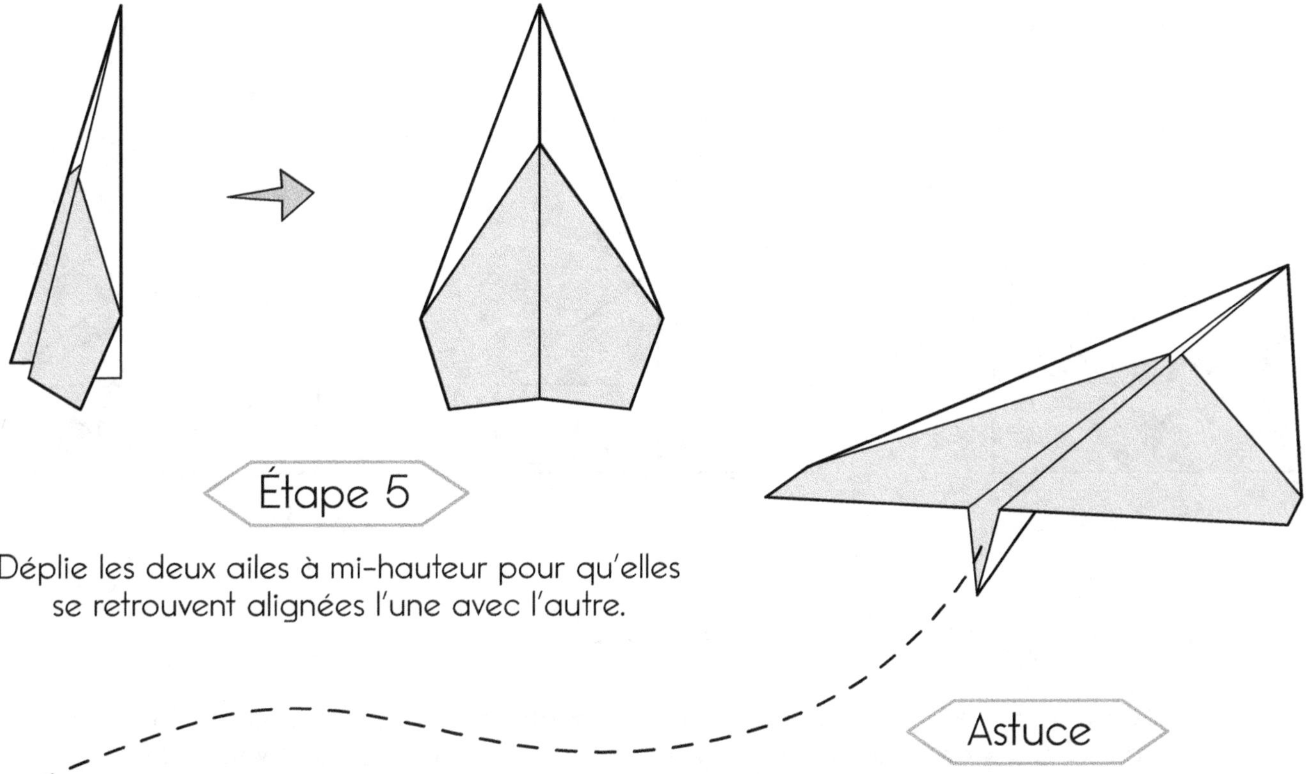

Déplie les deux ailes à mi-hauteur pour qu'elles se retrouvent alignées l'une avec l'autre.

Lance cet avion avec une force moyenne à élevée, légèrement orienté vers le plafond ou vers le ciel si tu es à l'extérieur !

Avion de chasse

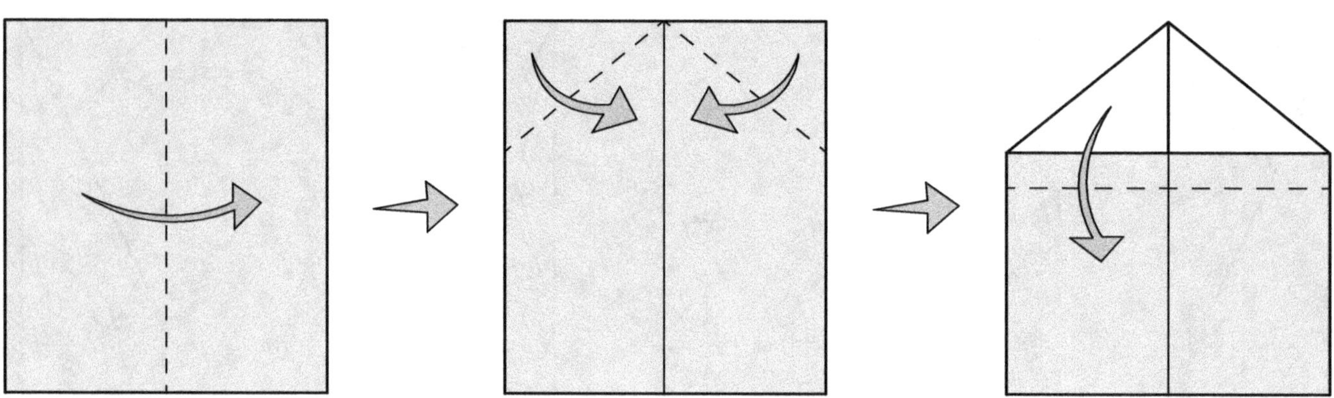

Plie la feuille de papier
en deux dans le sens de
la longueur, puis
déplie-la.

Rabats les coins supérieurs sur la ligne
centrale pour former un triangle. Plie
ensuite l'avion en deux dans le sens de la
largeur.

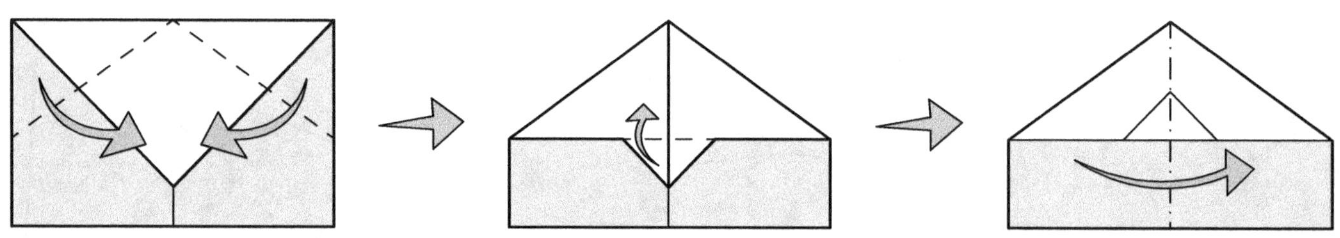

Rabats les coins supérieurs sur la ligne centrale. Replie la pointe de la
couche qui dépasse juste en dessous de ces coins pour les fixer. Plie
ensuite l'avion en deux dans le sens de la longueur.

Avion de chasse

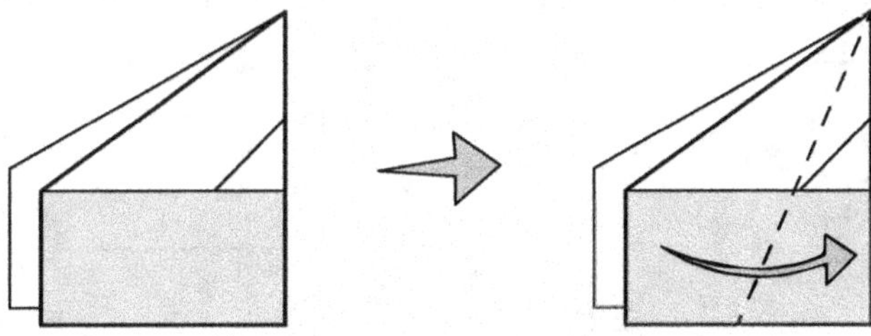

Plie l'un des côtés vers le bas le long de la ligne centrale pour former une aile.

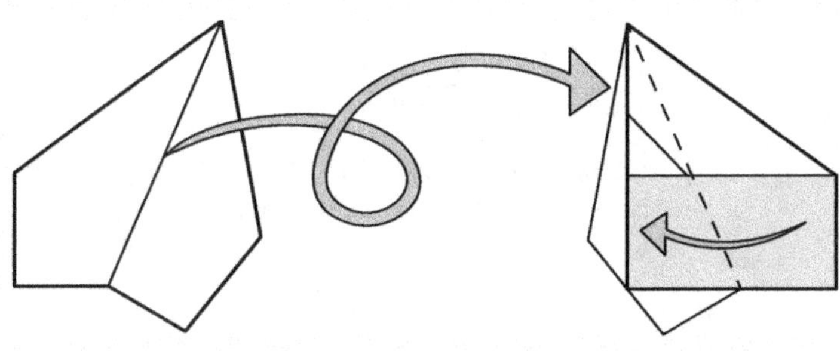
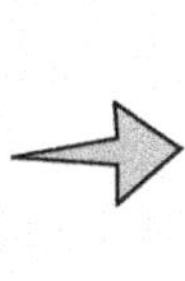
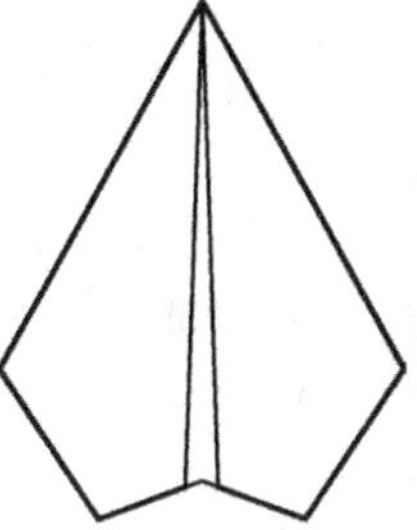

Étape 5

Retourne l'avion et répète l'opération avec l'autre côté pour former l'autre aile. Appuie sur les deux ailes et déplie-les à moitié.

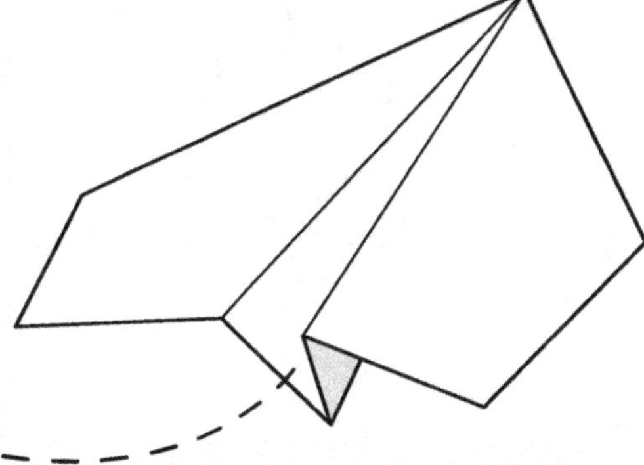

Astuce

Cet avion nécessite un lancer brusque et puissant. Veille à ce que l'avant de l'avion soit légèrement incliné vers le haut !

Bouledogue

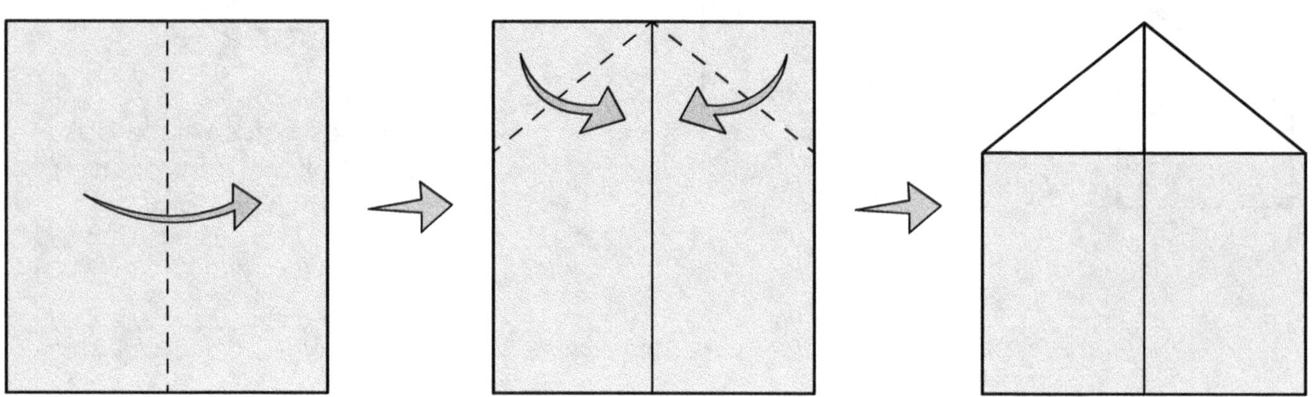

Plie la feuille de papier en deux dans le sens de la longueur, puis déplie-la.

Rabats les coins supérieurs sur la ligne centrale pour former un triangle.

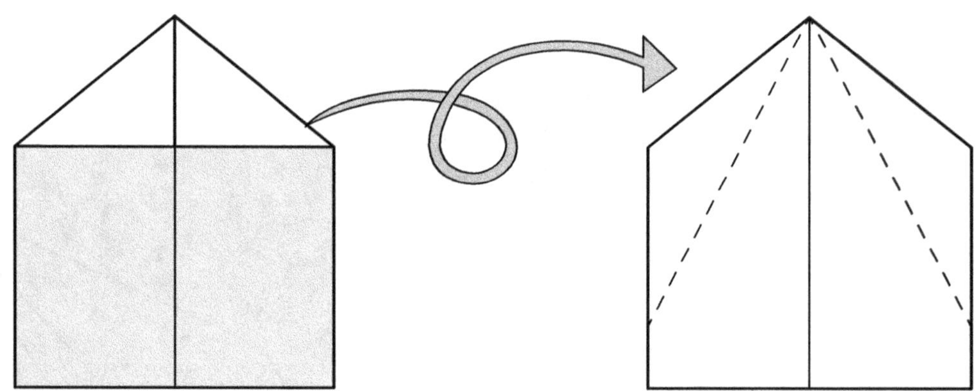

Retourne l'avion et rabats les coins supérieurs sur la ligne centrale.

Bouledogue

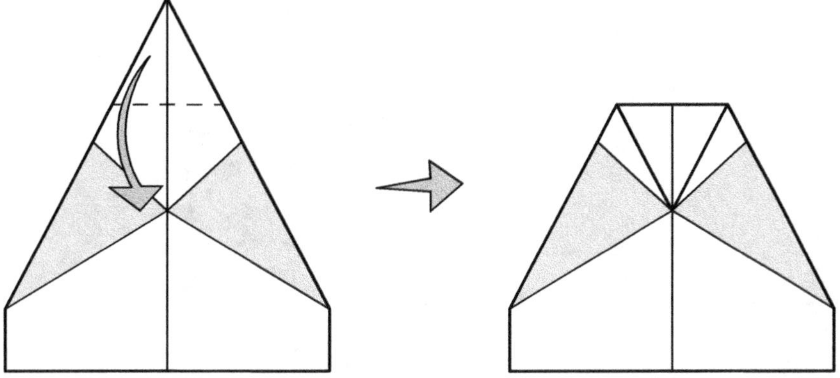

Étape 4

Rabats la pointe vers le bas jusqu'à l'endroit où les deux coins commencent à se toucher.

Étape 5

Plie l'avion en deux dans le sens de la longueur et tu verras que le bord supérieur forme une ligne droite. Plie ensuite un côté à partir du bord de cette ligne droite pour former une aile, comme indiqué sur le dessin.

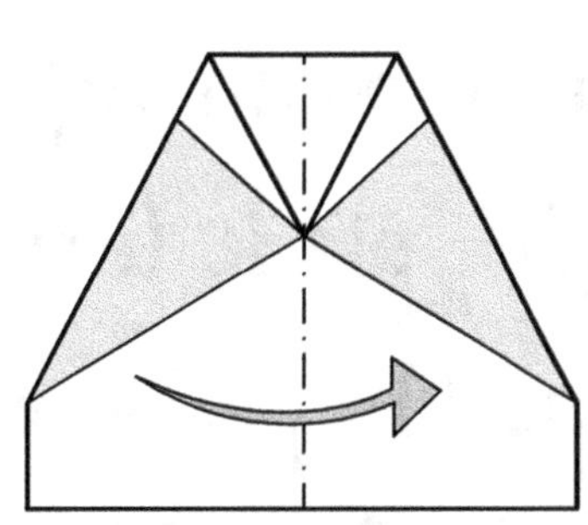

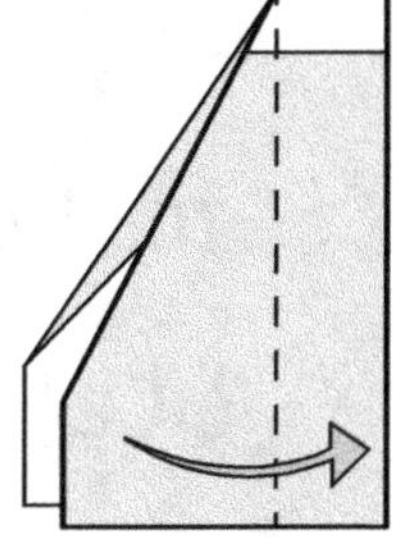

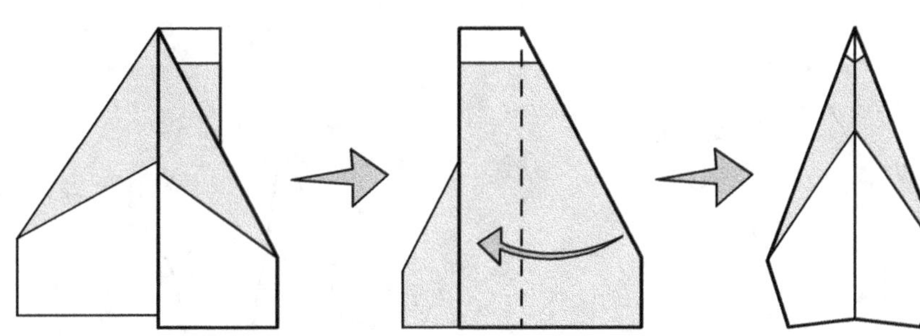

Étape 6

Répète l'opération avec l'autre côté pour former l'autre aile. Appuie sur les deux ailes et déplie-les à moitié.

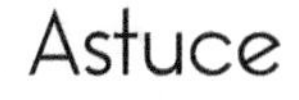

Astuce

En raison de son nez massif, le bouledogue volera mieux si tu le lances doucement.

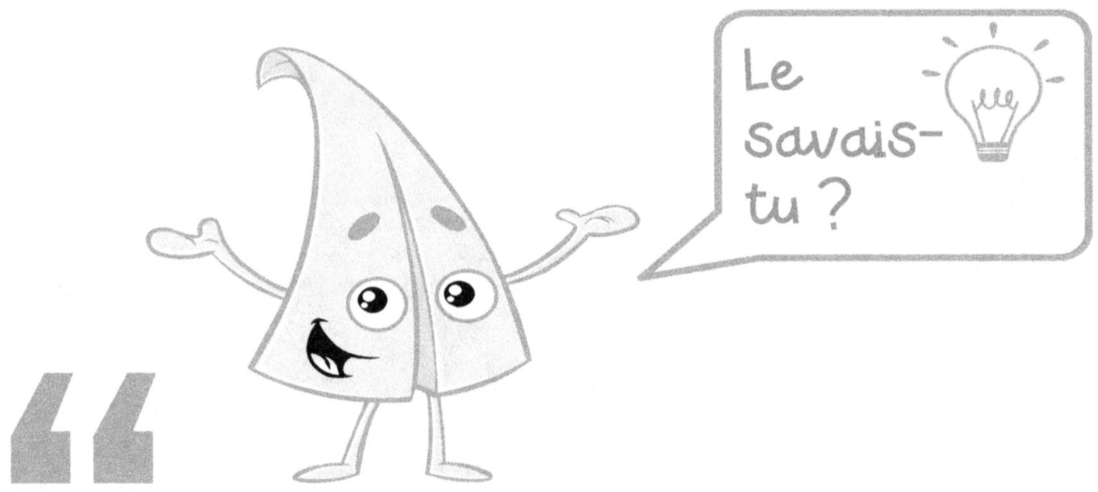

Le plus grand avion en papier jamais construit mesurait 59,74 pieds (environ 18 mètres). Il a été réalisé par 14 personnes le 28 septembre 2013 en Allemagne.

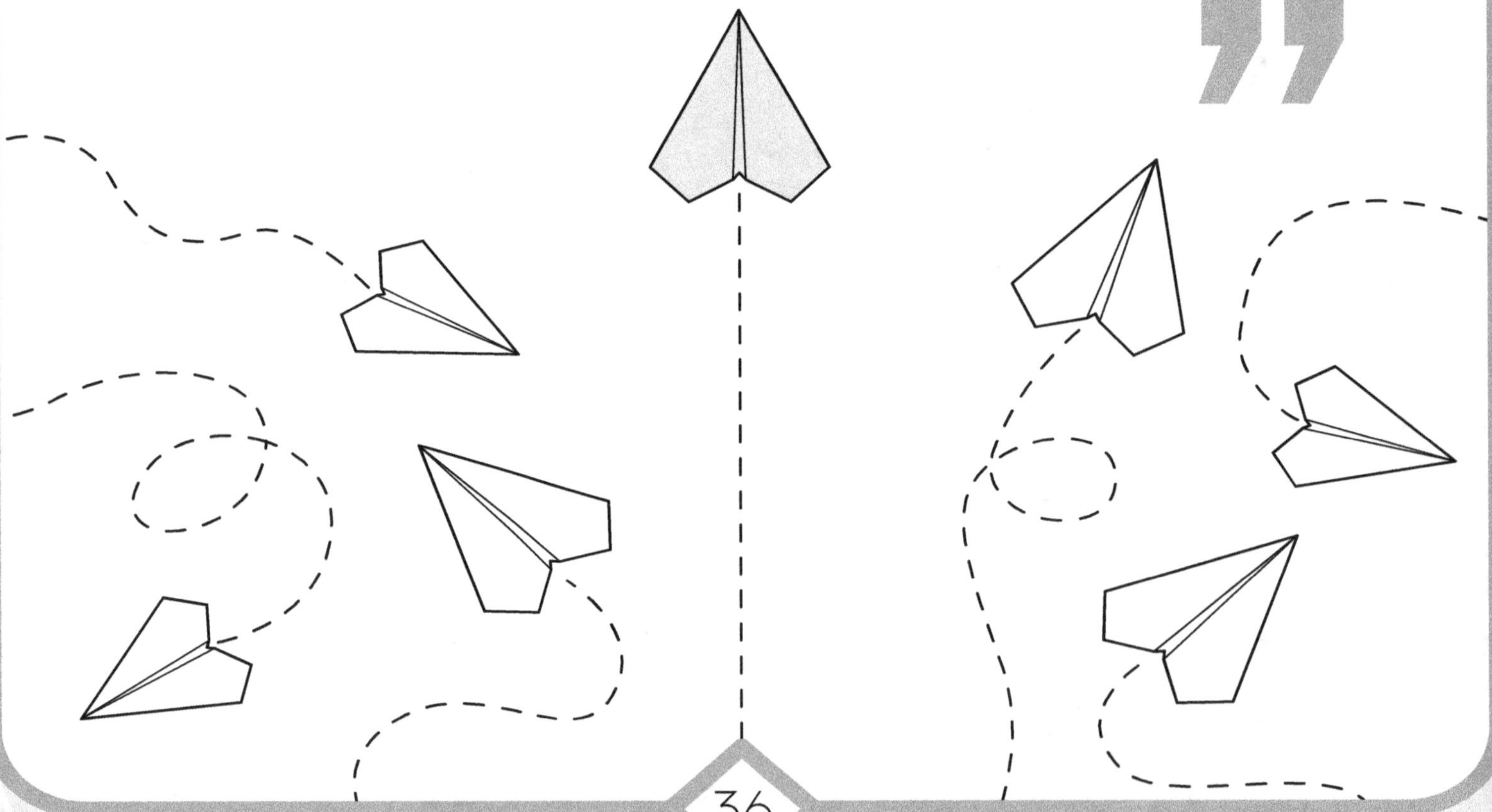

Tireur

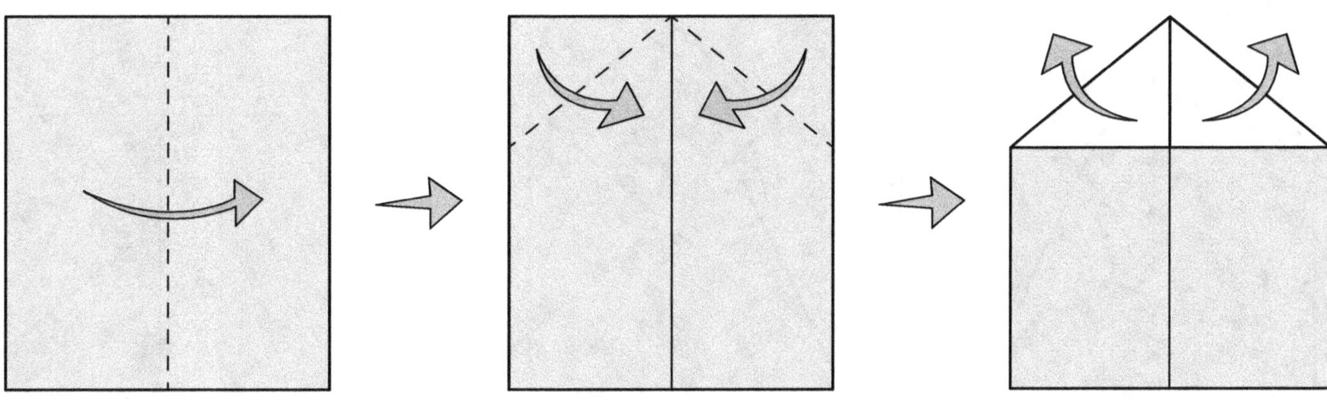

Étape 1

Plie la feuille de papier en deux dans le sens de la longueur, puis déplie-la.

Étape 2

Rabats les coins supérieurs sur la ligne centrale pour former un triangle.

Étape 3

Déplie les coins.

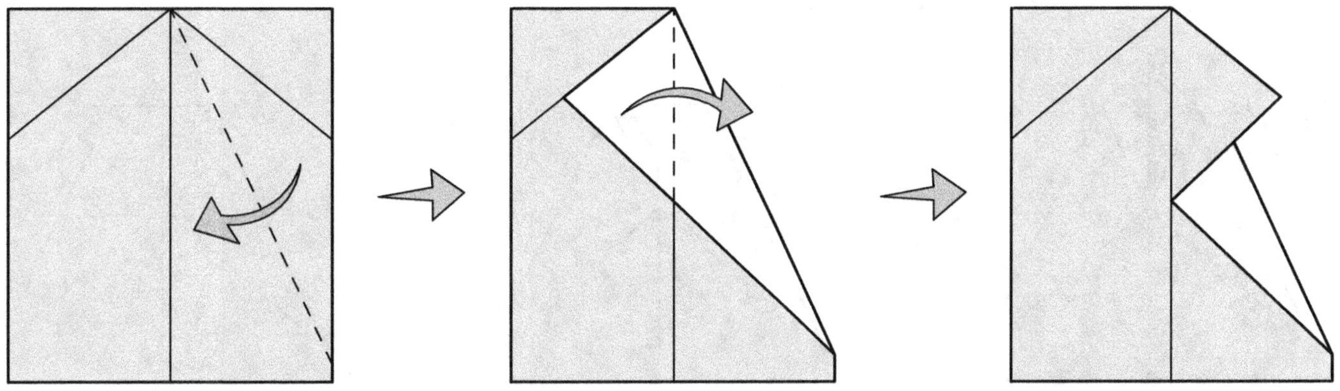

Étape 4

Rabats le coin supérieur droit jusqu'à ce qu'il rejoigne le pli du côté droit que tu as fait à l'étape précédente. Ensuite, déplie-le à nouveau le long du pli que tu as fait à l'étape précédente.

Tireur

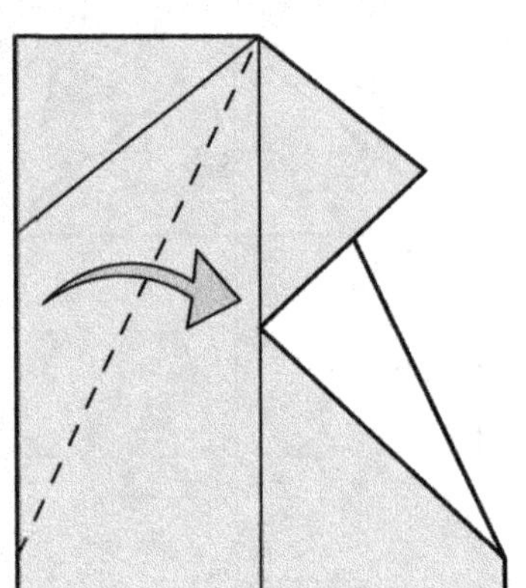

Étape 5

Répète la même opération pour le coin gauche.

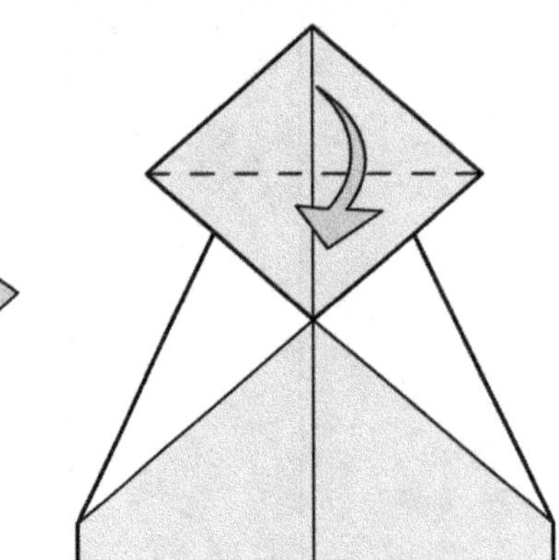

Étape 6

Plie la pointe supérieure jusqu'à l'endroit où les deux ailes se rejoignent sur la ligne centrale pour former un triangle. Tu verras qu'il y a maintenant une sorte de poche dans la couche supérieure dont tu auras besoin plus tard.

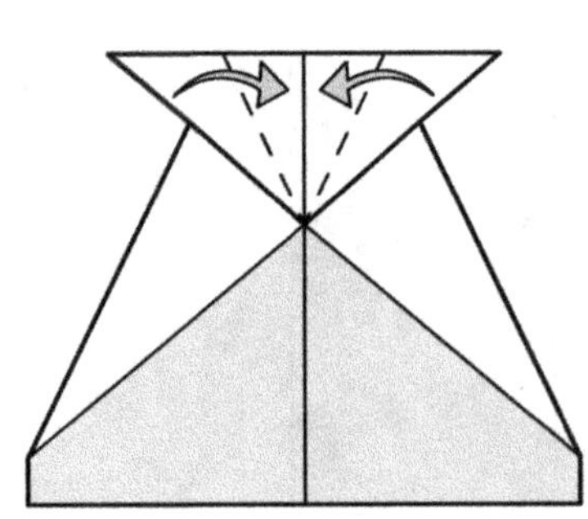

Étape 7

Ramène les deux côtés de ce triangle vers la ligne centrale.

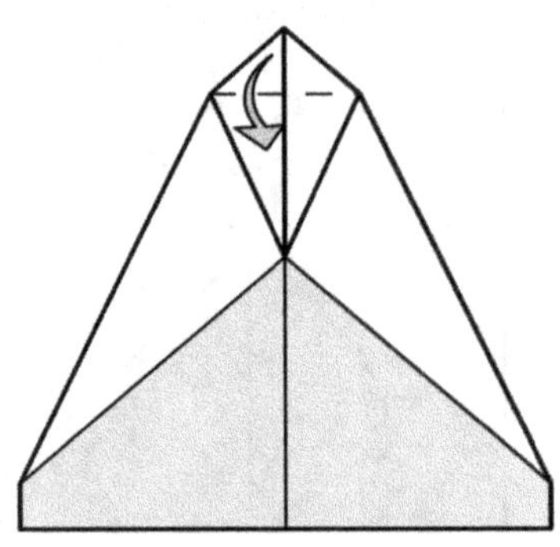

Étape 8

Replie la pointe supérieure vers le bas, comme indiqué sur le dessin.

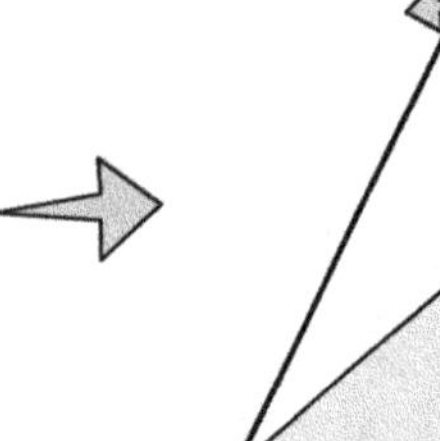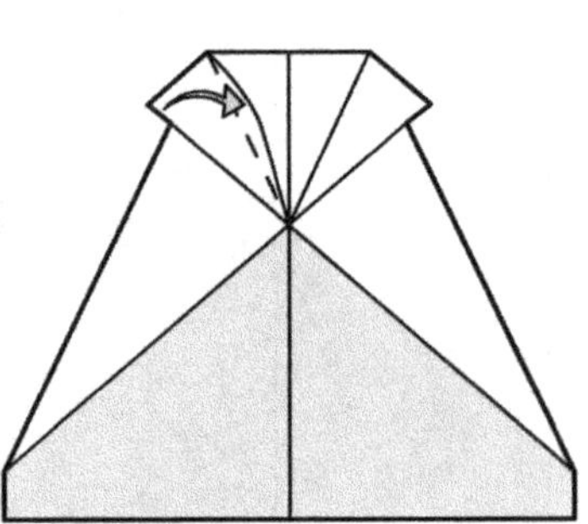

Étape 9

Déplie le rabat du côté gauche que tu as formé aux étapes 7 et 8, et rentre-le dans la poche de l'étape 6, comme indiqué sur le dessin.

Tireur

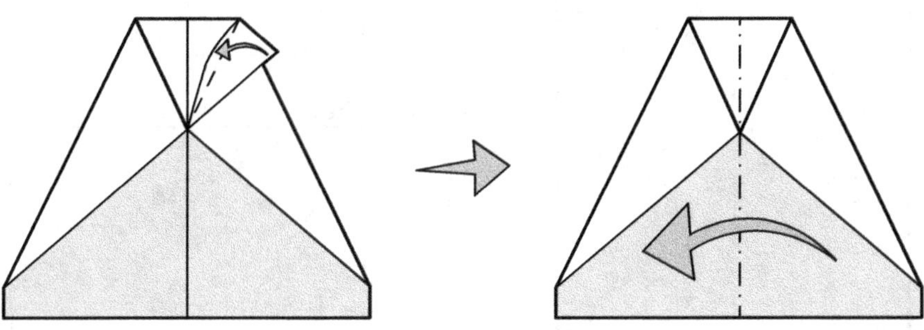

Répète l'opération avec le rabat du côté droit, puis plie l'avion en deux dans le sens de la longueur.

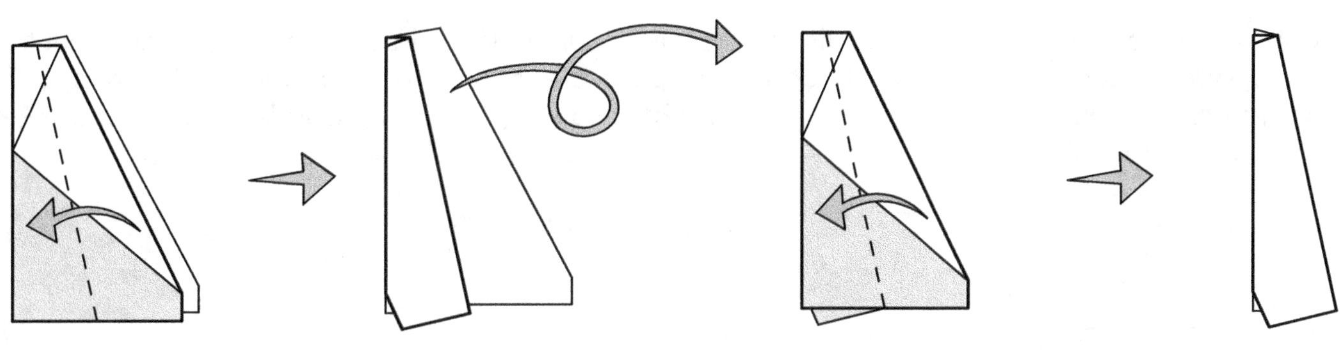

Plie l'un des côtés jusqu'à ce qu'il rejoigne le bord opposé pour former l'une des ailes. Retourne l'avion et répète l'opération avec l'autre côté pour former l'autre aile. Déplie ensuite les deux ailes à moitié.

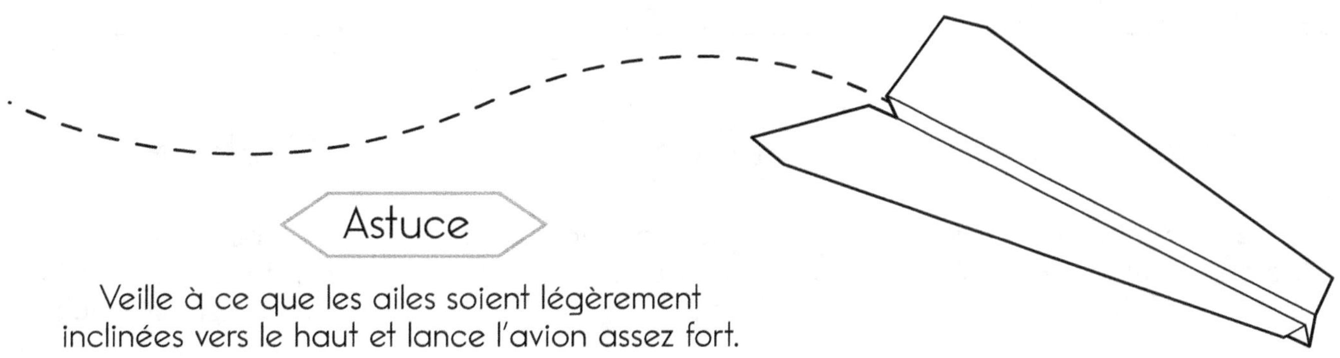

Veille à ce que les ailes soient légèrement inclinées vers le haut et lance l'avion assez fort.

Suprême

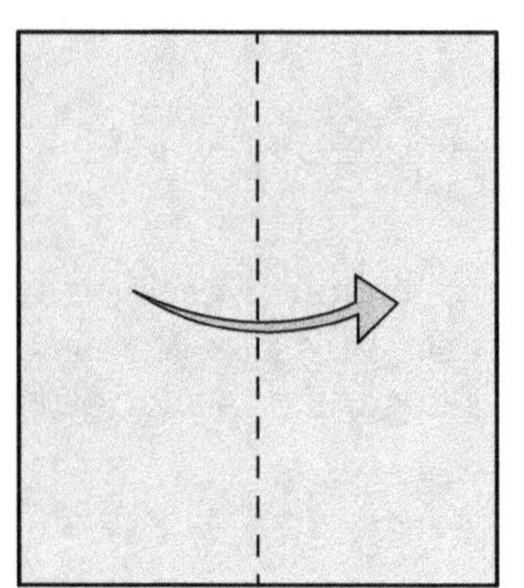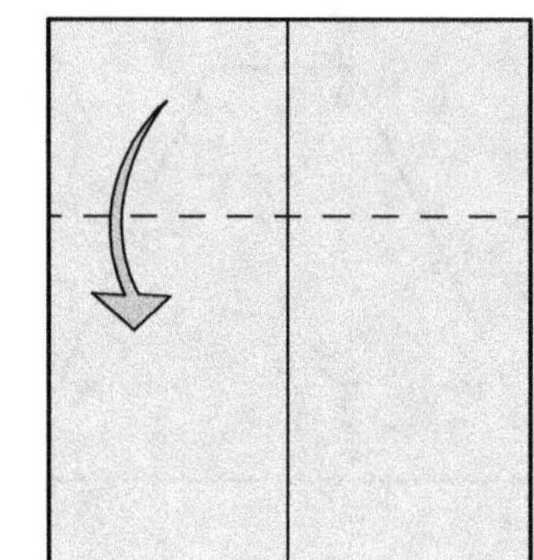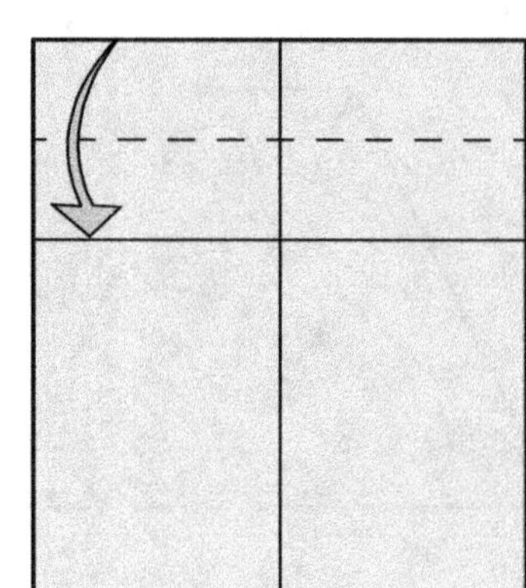

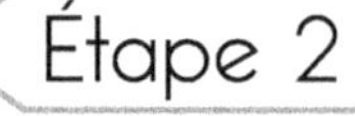

Étape 1

Plie la feuille de papier en deux dans le sens de la longueur, puis déplie-la.

Étape 2

Rabats le tiers supérieur de la feuille de papier pour créer un pli, puis déplie-la.

Étape 3

Plie le bord supérieur vers le bas jusqu'au pli que tu viens de faire, marque le pli, puis déplie-le à nouveau.

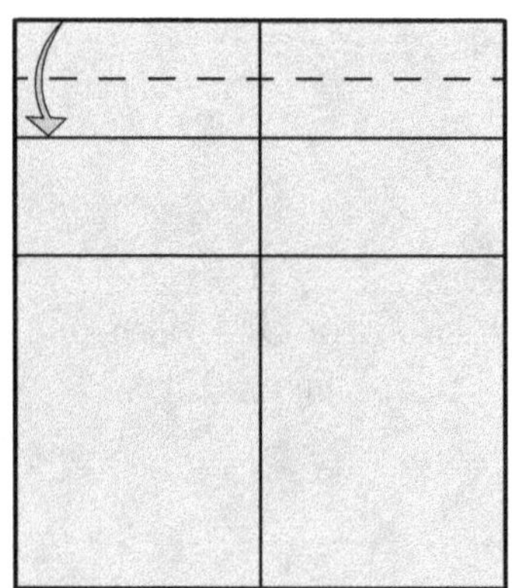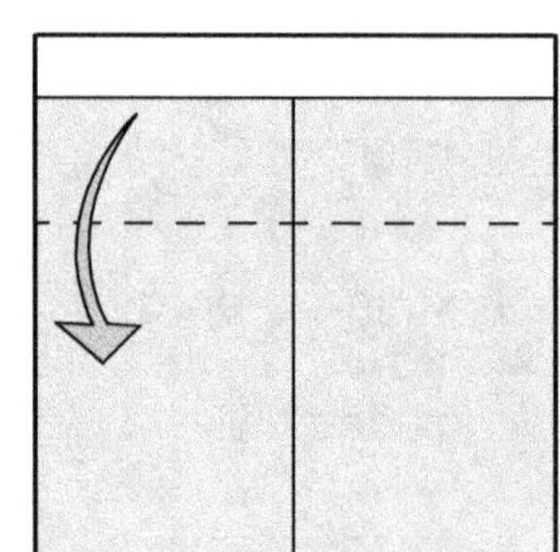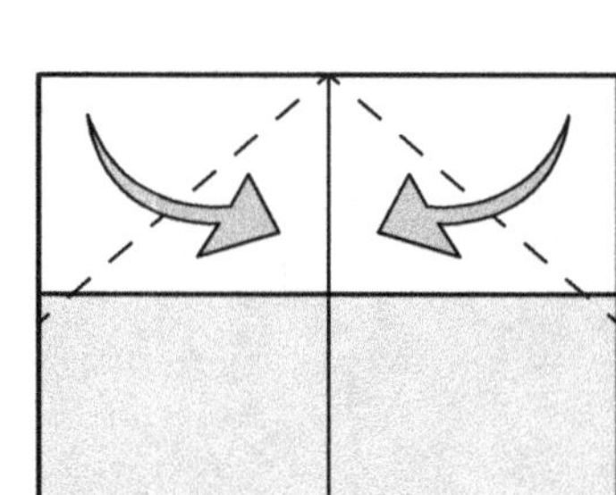

Étape 4

Plie à nouveau le bord supérieur jusqu'à ce qu'il atteigne le dernier pli que tu as fait (étape 3).

Étape 5

Rabats le haut de la feuille de papier le long du pli que tu as fait à l'étape 2.

Étape 6

Rabats les coins supérieurs jusqu'à la ligne centrale, puis déplie le tout.

Suprême

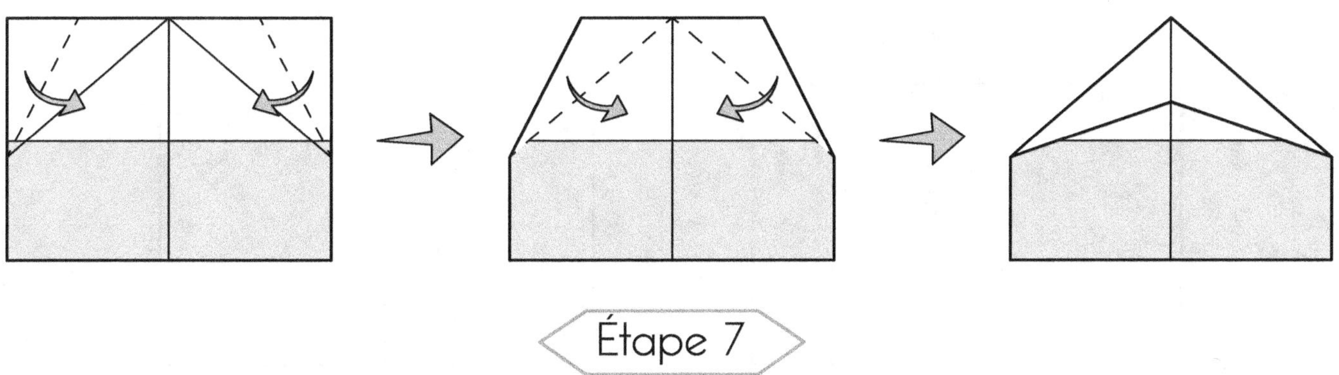

Rabats les coins supérieurs sur les plis que tu as faits à l'étape précédente, puis replie-les sur eux-mêmes le long de ces mêmes plis, comme indiqué sur le dessin.

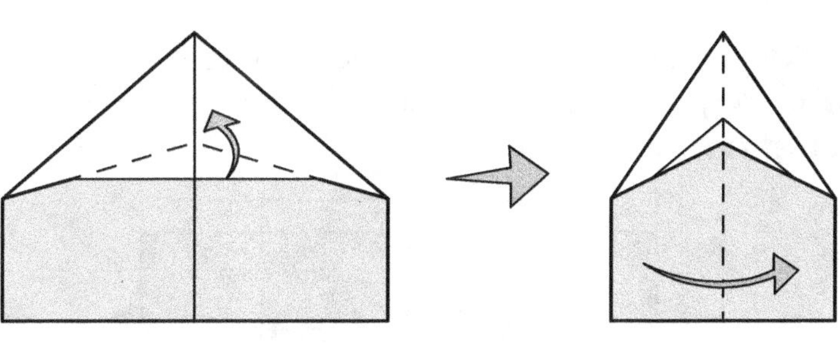

Tire sur la couche qui dépasse entre les deux rabats en même temps que tu plies l'avion en deux dans le sens de la longueur. Veille à ce que cette couche soit orientée vers la pointe de l'avion.

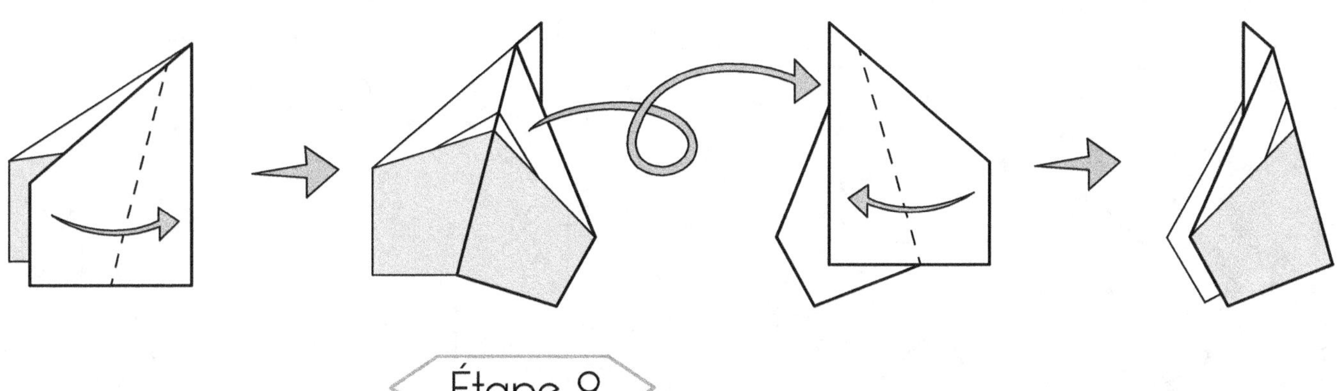

Plie l'un des côtés le long de sa ligne centrale pour former une aile, puis retourne l'avion et répète l'opération avec l'autre côté pour former l'autre aile. Appuie sur les deux ailes et déplie-les à moitié.

Lance cet avion avec une force moyenne et plie les bords légèrement vers le haut si tu vois que l'avion pique du nez.

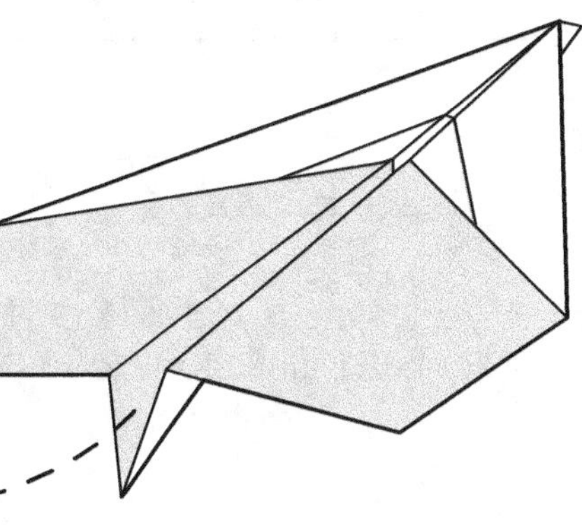

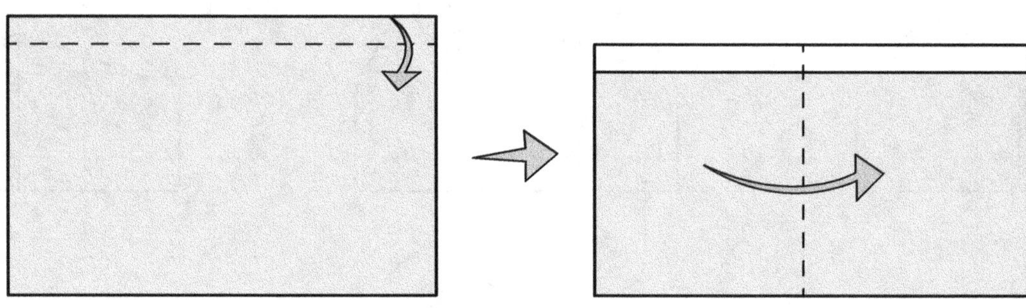

Pose la feuille de papier à l'horizontale et plie le bord supérieur légèrement vers le bas. Ensuite, plie la feuille de papier en deux dans le sens de la longueur et déplie-la.

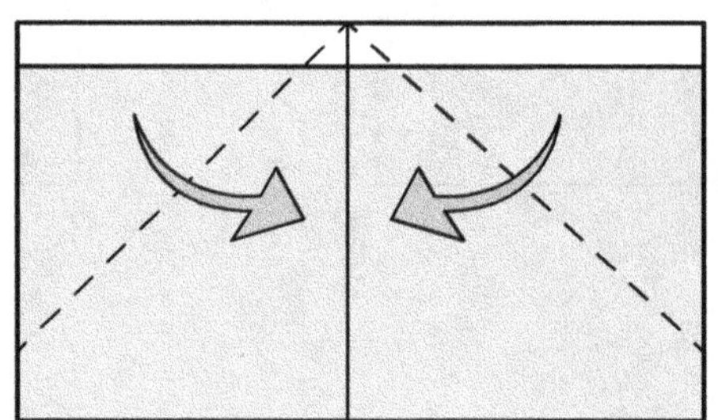

Rabats les coins supérieurs sur la ligne centrale.

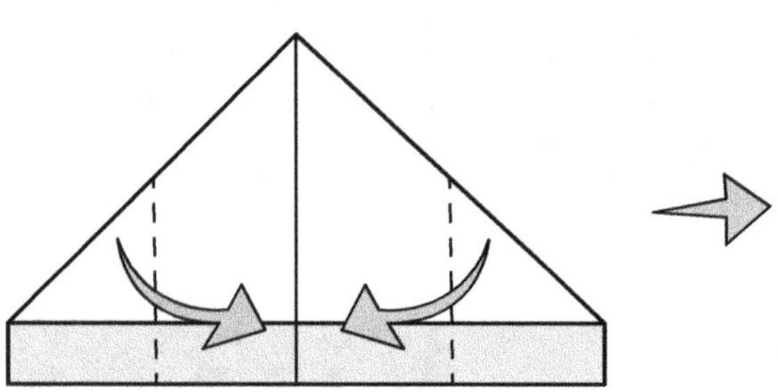
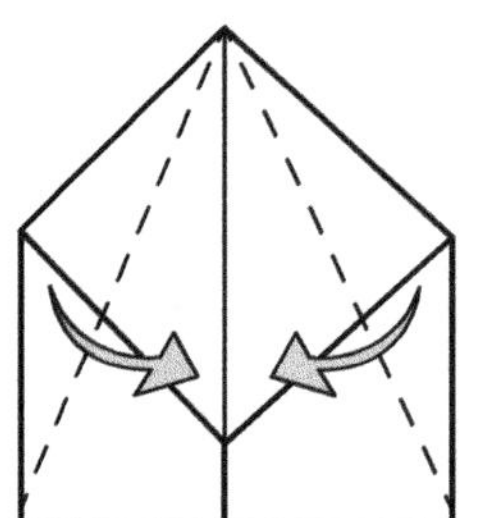
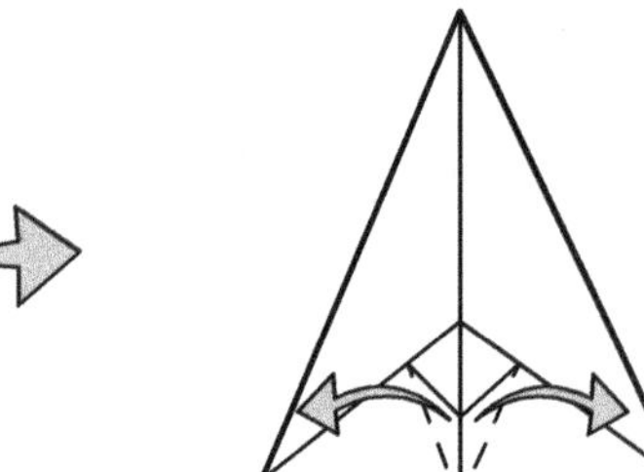

Plie les deux côtés vers l'intérieur, en direction de la ligne centrale.

Rabats à nouveau les coins supérieurs sur la ligne centrale. Plie ensuite les bords des rabats que tu as faits à l'étape précédente vers l'extérieur, comme indiqué sur le dessin.

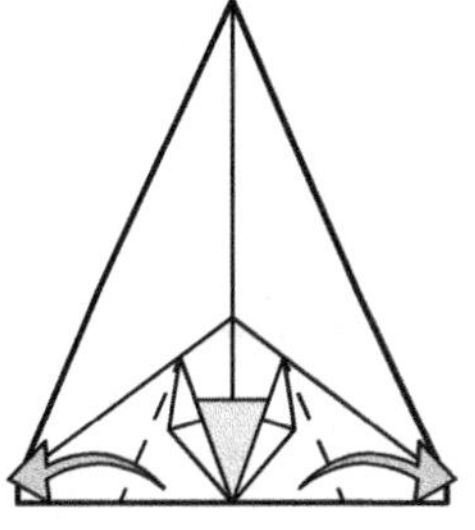  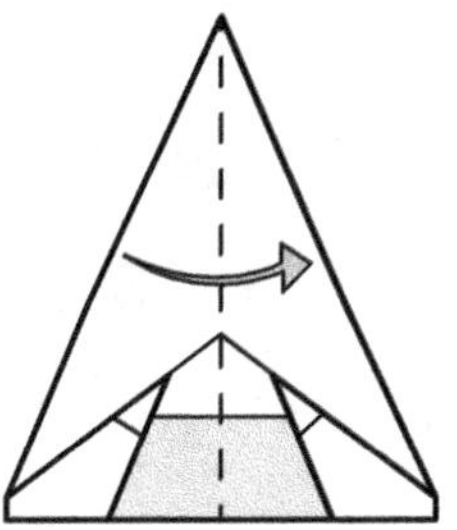

Plie à nouveau ces mêmes rabats vers l'extérieur jusqu'à ce qu'ils touchent les bords des plis que tu as faits dans la première partie de l'étape 4. Ensuite, plie l'avion en deux dans le sens de la longueur.

Rabats l'un des côtés comme indiqué sur le dessin pour former une aile.

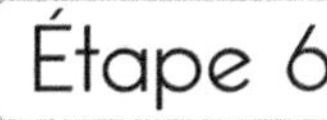

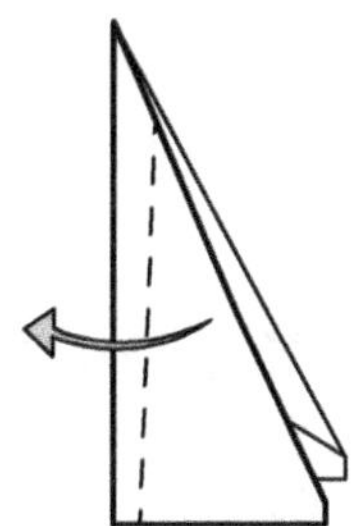  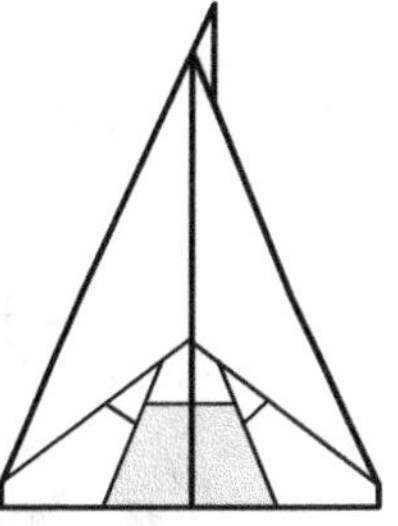

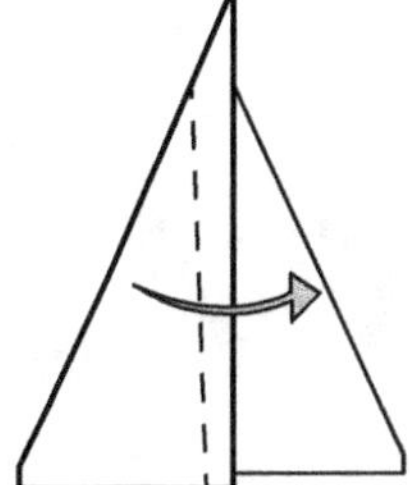  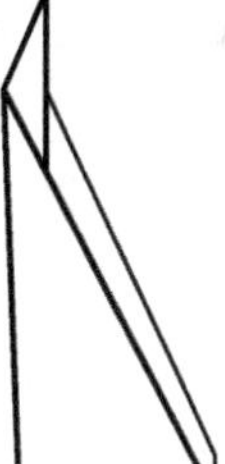 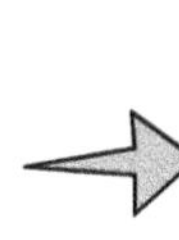 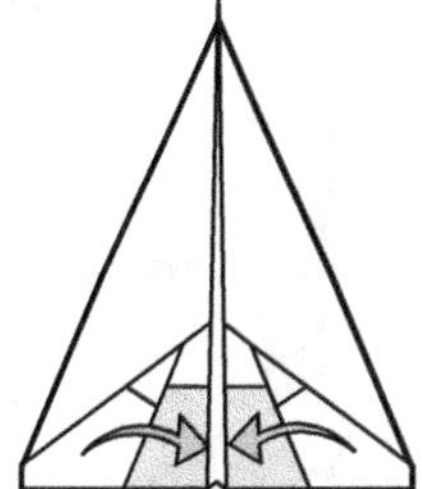

Répète l'opération avec l'autre côté pour former l'autre aile. Appuie sur les deux ailes et déplie-les à moitié.

Déplie les rabats de l'étape 6 à moitié de sorte qu'ils dépassent du haut de l'avion.

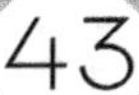

Cet avion nécessite d'être lancé avec une force moyenne. Assure-toi que le corps de l'avion soit parallèle au sol au moment du lancer.

Fait amusant

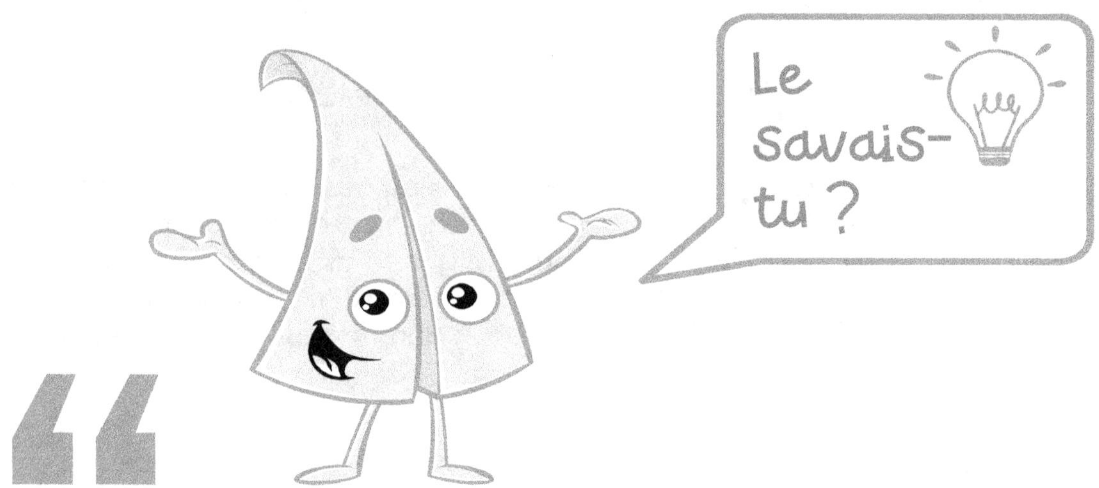

« Un avion en papier ne peut pas voler dans l'espace. Il va flotter éternellement à moins qu'il ne heurte un objet solide. »

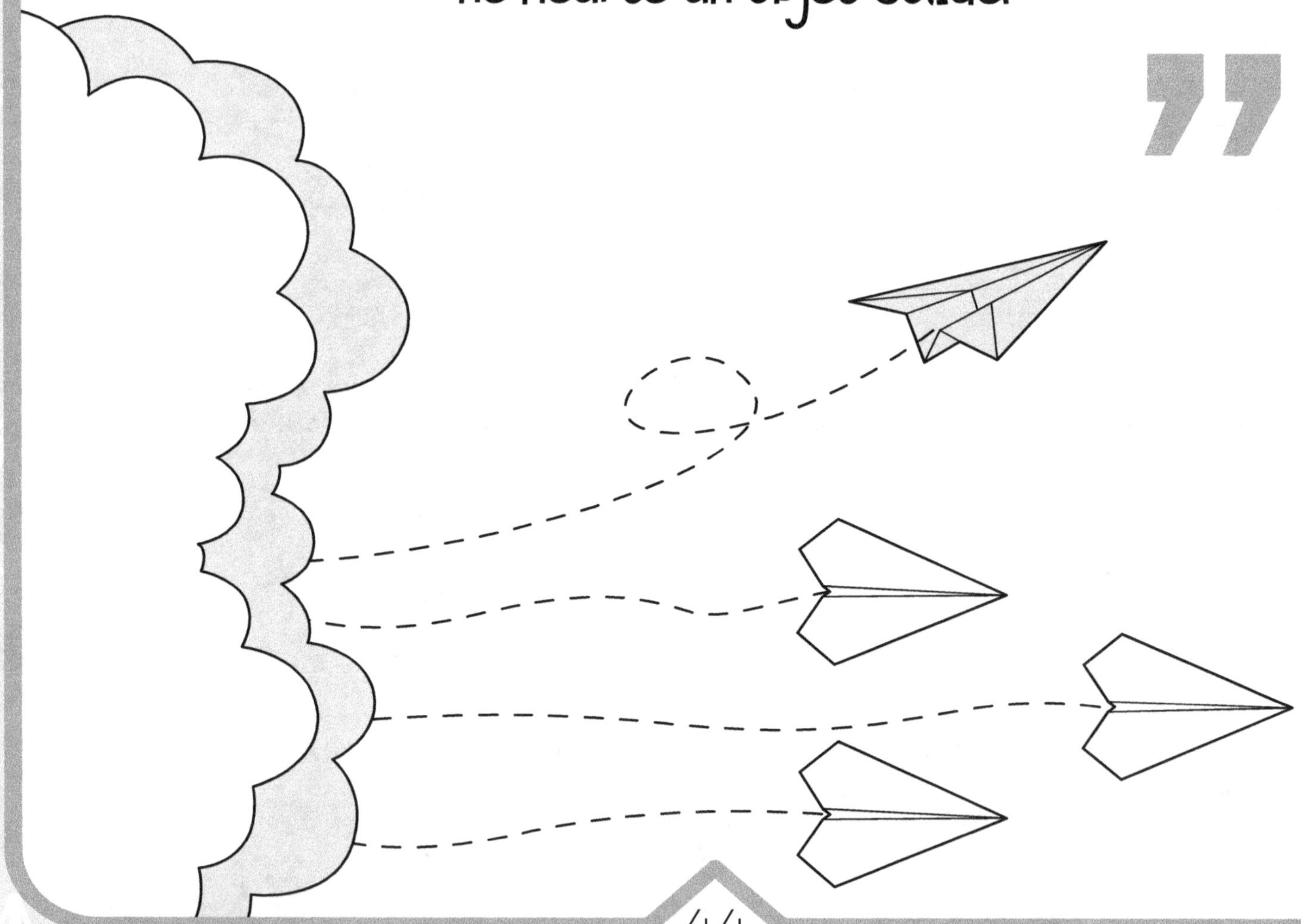

Pointe de flèche

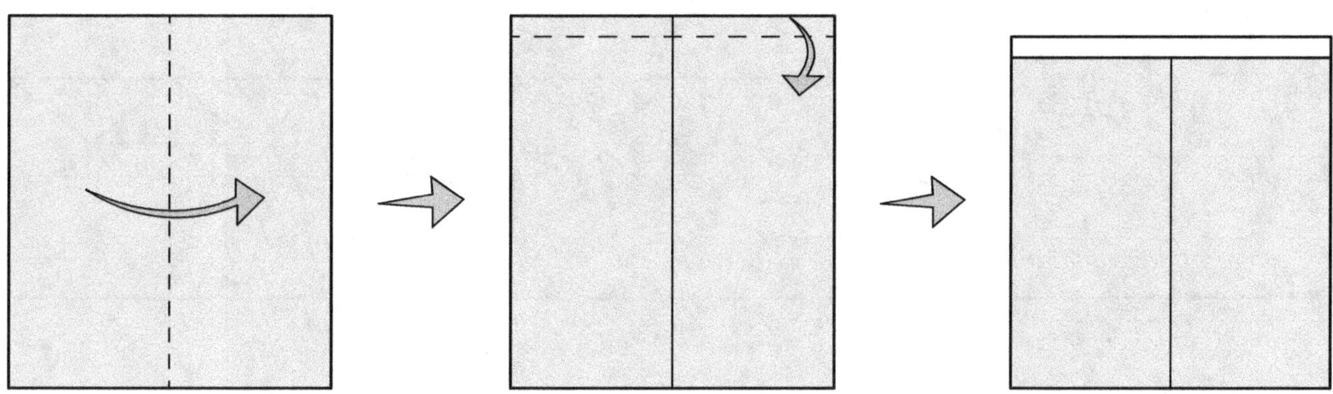

Étape 1

Plie la feuille de papier en deux dans le sens de la longueur, puis déplie-la.

Étape 2

Rabats légèrement le bord supérieur, d'environ deux centimètres et demi.

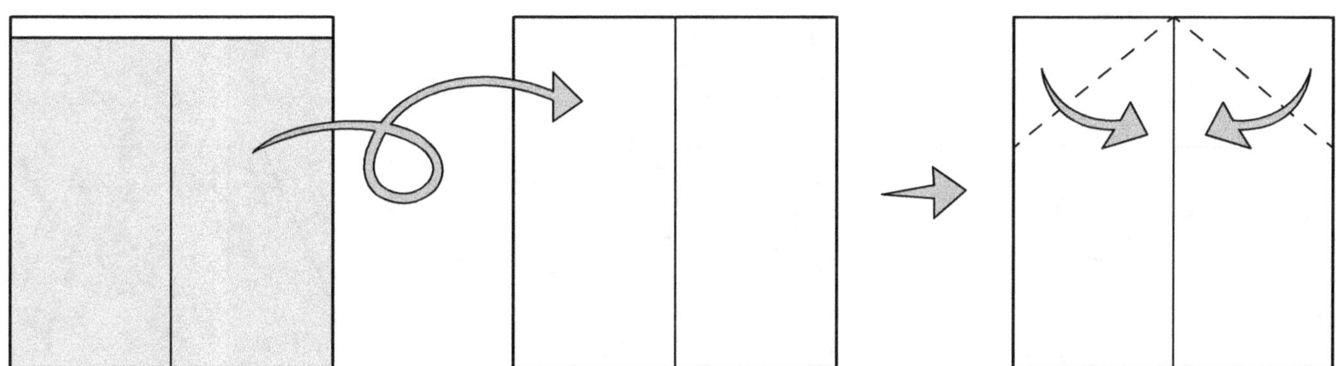

Étape 3

Retourne l'avion et rabats les coins supérieurs sur la ligne centrale pour former un triangle.

Pointe de flèche

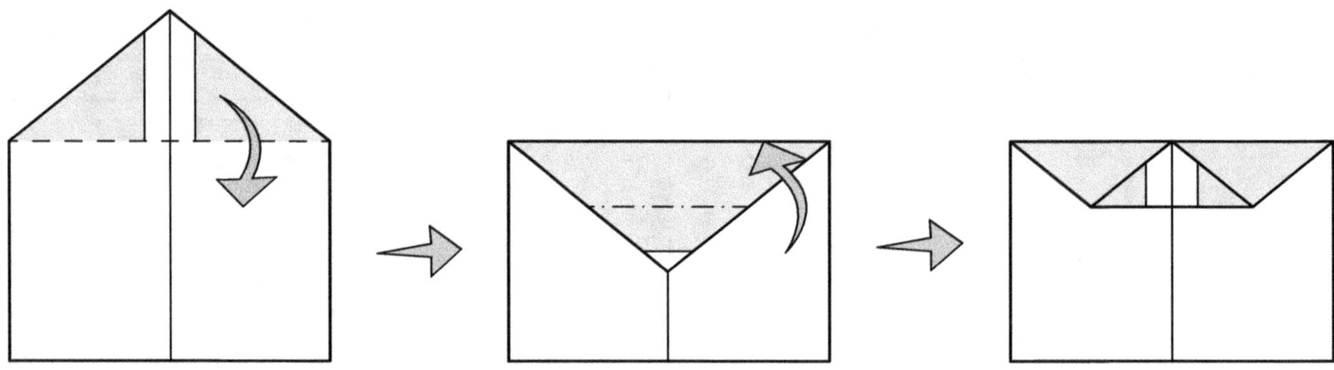

Étape 4

Plie le triangle
entier vers le bas.

Étape 5

Plie à nouveau la pointe du triangle vers
le haut jusqu'à ce qu'elle touche le bord
supérieur.

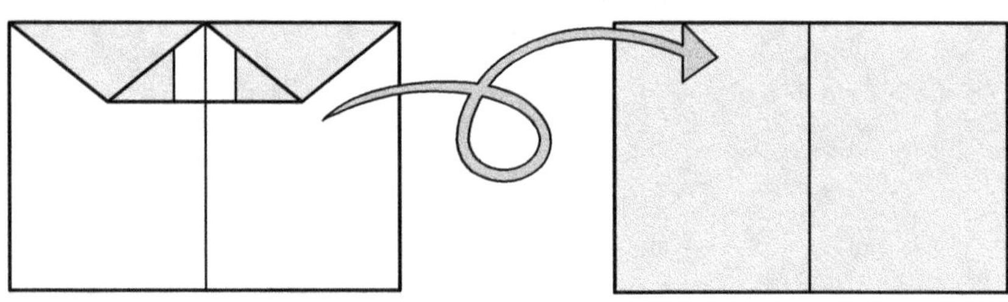

Étape 6

Retourne ton
avion.

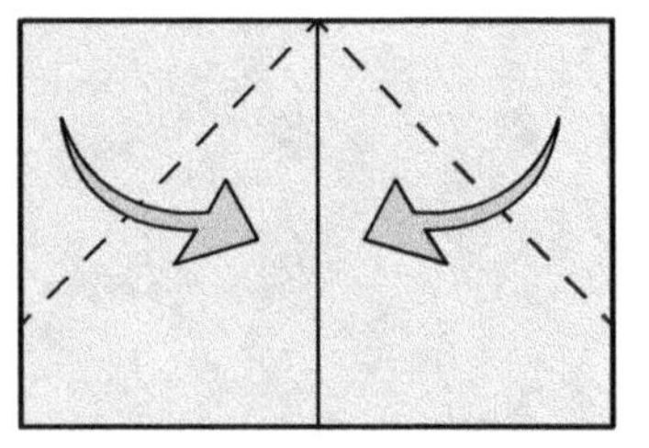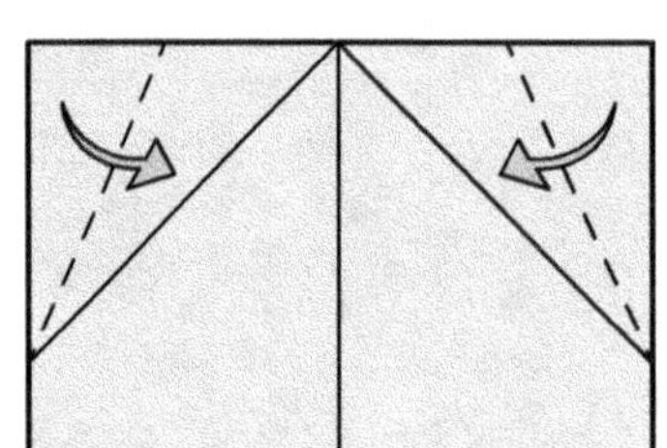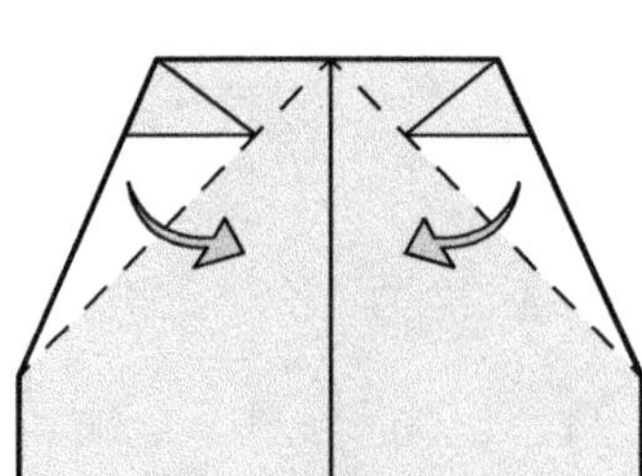

Étape 7

Rabats les coins
supérieurs sur la ligne
centrale, puis déplie le
tout.

Étape 8

Rabats à nouveau les deux coins jusqu'à ce
qu'ils touchent les plis que tu viens de faire.
Plie-les ensuite à nouveau le long de ces plis.

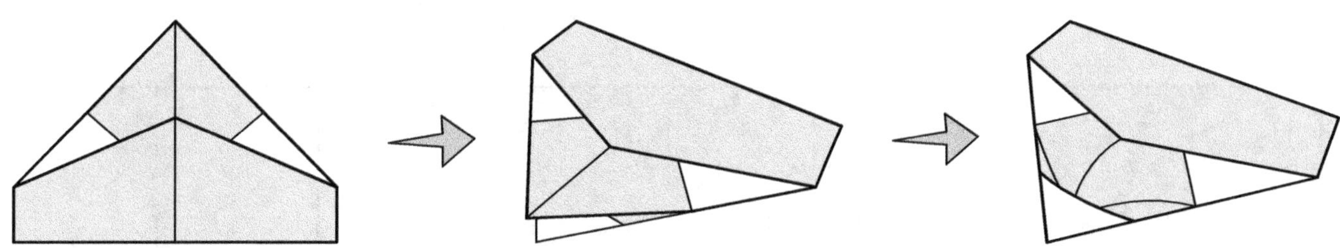

Étape 9

Maintenant, si tu soulèves légèrement la couche supérieure, tu verras qu'il y a une petite poche à l'extrémité de la couche du dessous. Insère la pointe de la couche dans cette poche, comme indiqué sur le dessin.

Étape 10

Plie l'avion en deux dans le sens de la longueur.

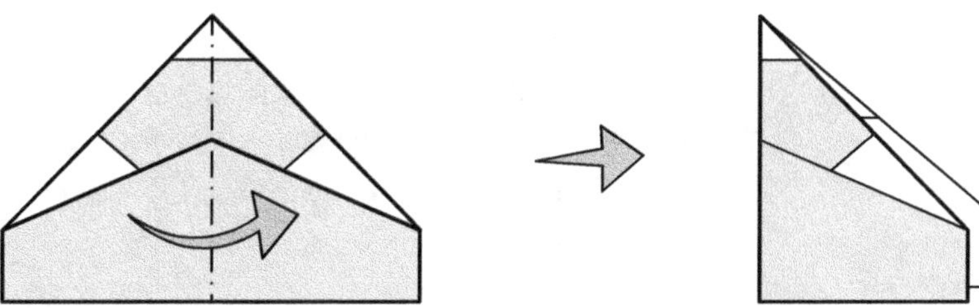

Étape 11

Rabats l'un des côtés le long de la ligne centrale pour former une aile, puis répète l'opération avec l'autre côté pour former l'autre aile. Appuie sur les deux ailes et déplie-les à moitié.

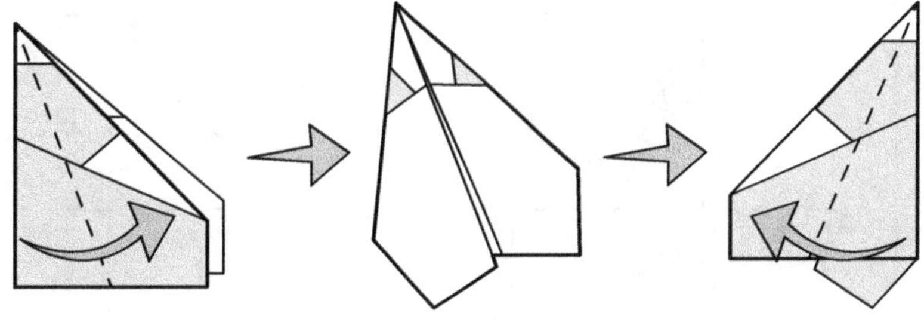

Astuce

Lance cet avion très fort avec le nez orienté légèrement vers le haut. Il volera très loin !

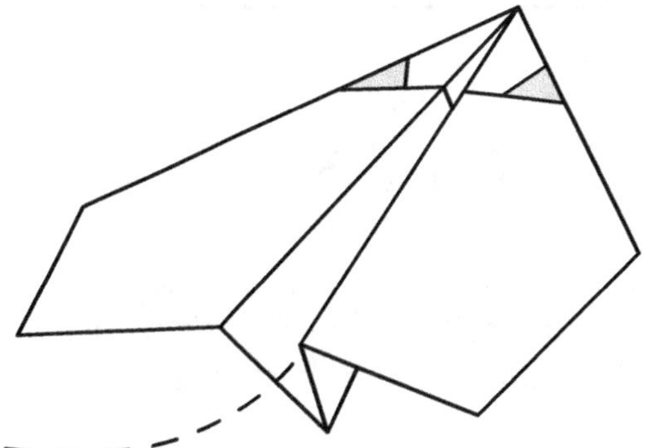

Poulet

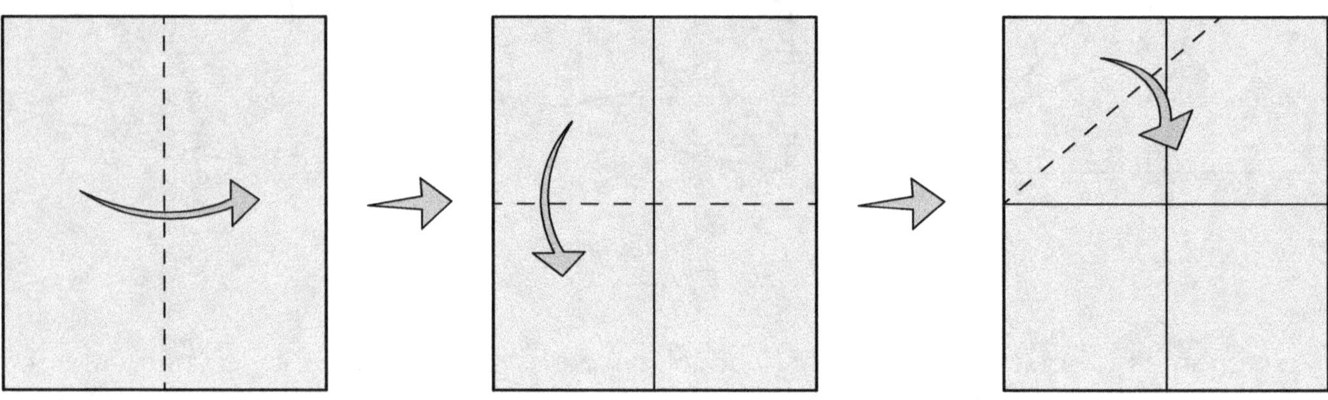

Étape 1

Plie la feuille de papier en deux
dans le sens de la longueur et de la
largeur, puis déplie-la.

Étape 2

Rabats le coin supérieur
gauche sur le pli horizontal.
Marque le pli en appuyant, puis
déplie-le.

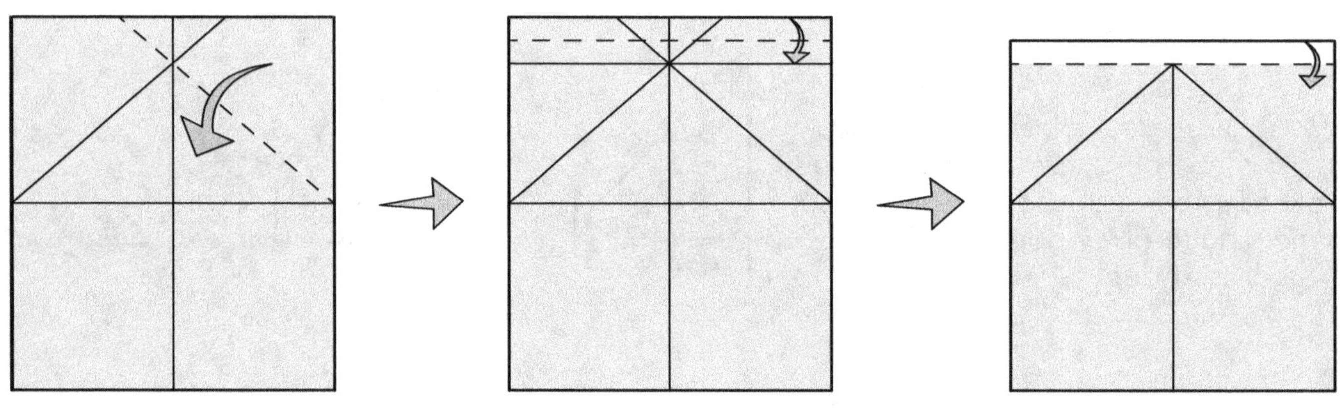

Étape 3

Rabats maintenant le coin
supérieur droit sur le pli horizontal.
Marque le pli, puis déplie.

Étape 4

Rabats le bord supérieur de la feuille jusqu'à l'endroit
où les plis des deux étapes précédentes se rejoignent.
Puis replie-le à nouveau sur lui-même.

Poulet

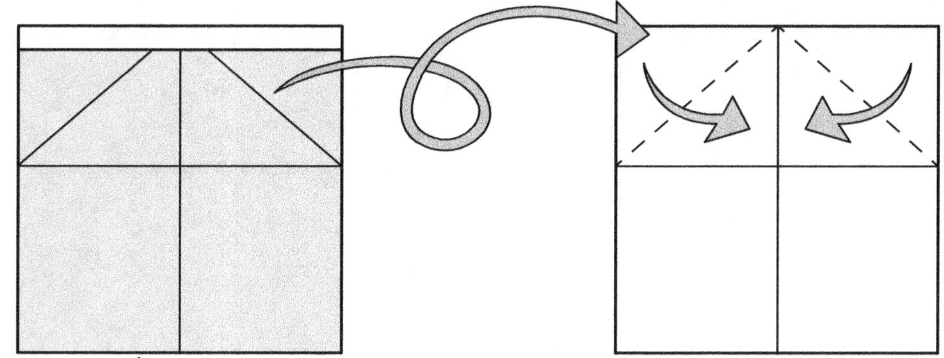

Retourne l'avion, puis rabats les deux coins sur la ligne centrale pour former un triangle.

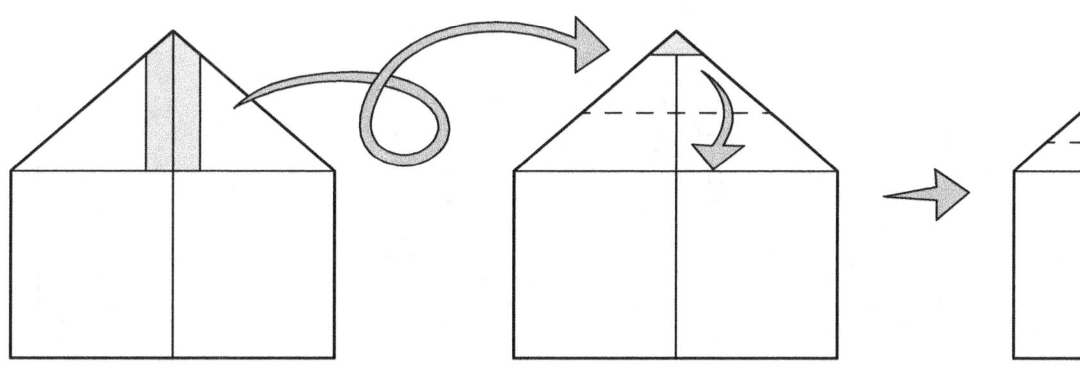

Retourne à nouveau ton avion.

Plie le triangle vers le bas à un point situé un peu en dessous de son milieu, puis déplie-le. Ensuite, replie-le à nouveau juste à mi-chemin entre le pli que tu viens de faire et le bord inférieur du triangle, comme indiqué sur le dessin.

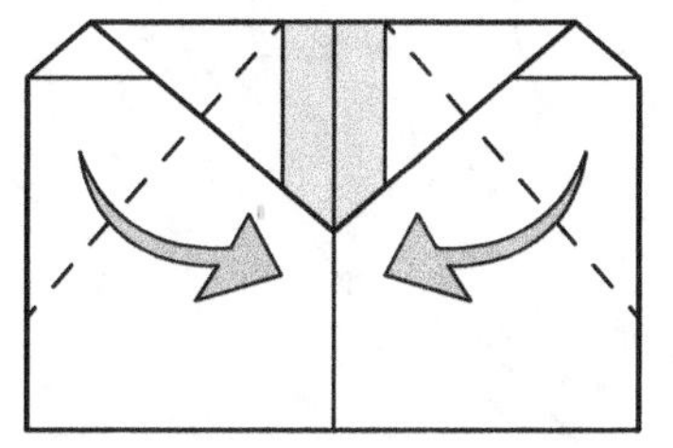
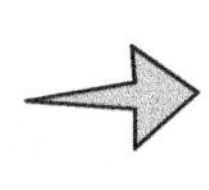
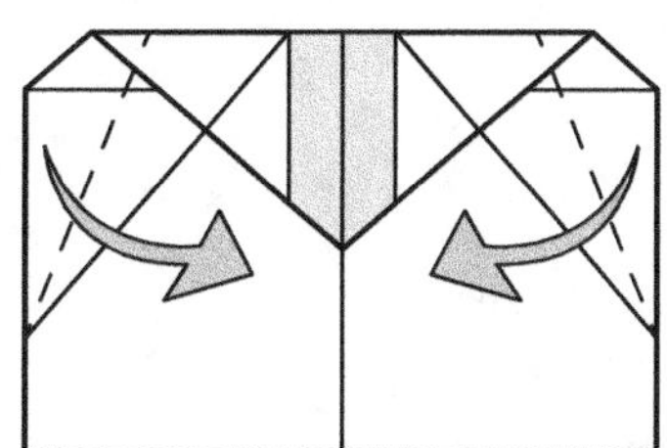

Rabats les coins supérieurs comme indiqué et déplie-les. Ensuite, rabats-les à nouveau jusqu'au pli que tu viens de faire.

Poulet

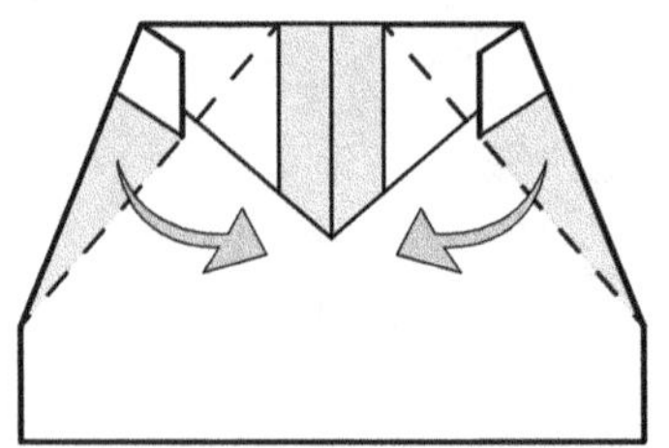 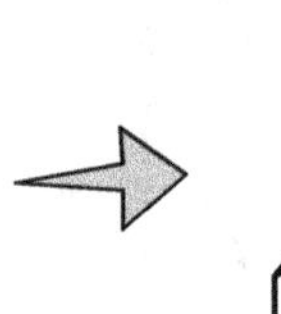 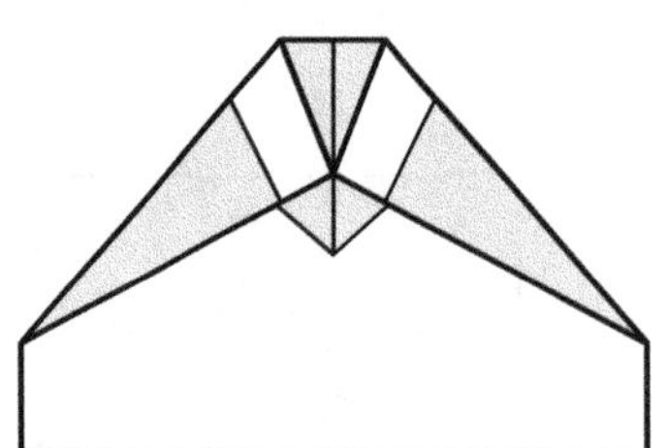  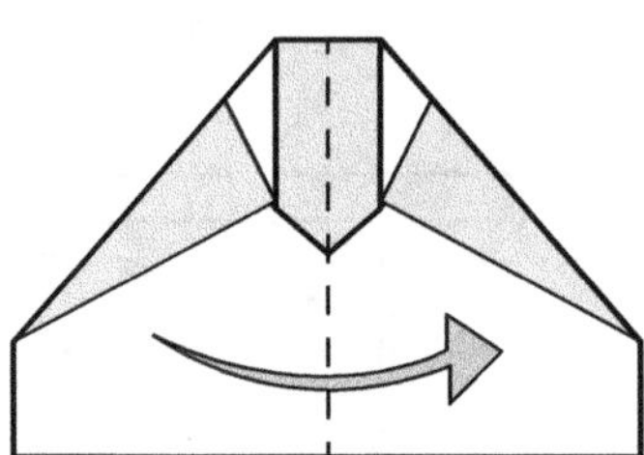

Rabats-les à nouveau le long de ces mêmes plis.

Si les pointes des rabats que tu viens de faire se retrouvent au-dessus des languettes verticales au milieu de l'avion, rentre-les en dessous. Plie ensuite l'avion en deux dans le sens de la longueur.

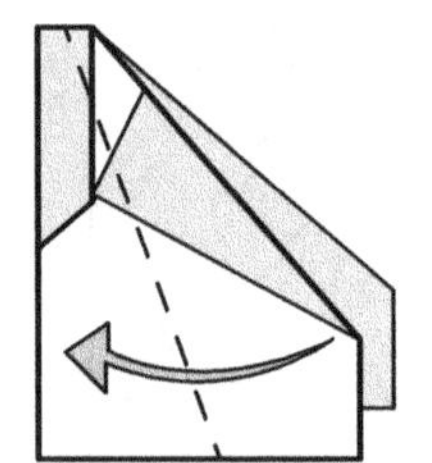  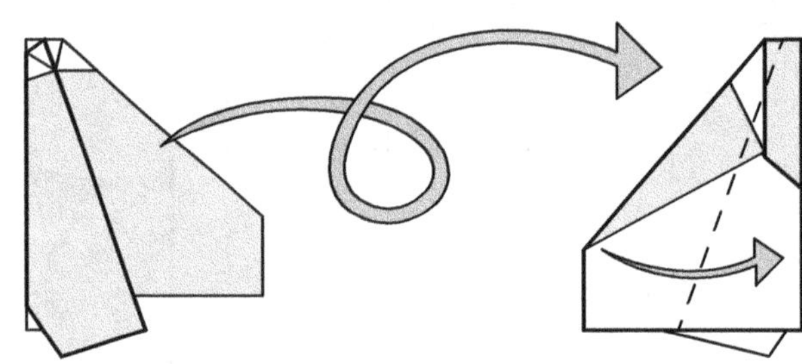  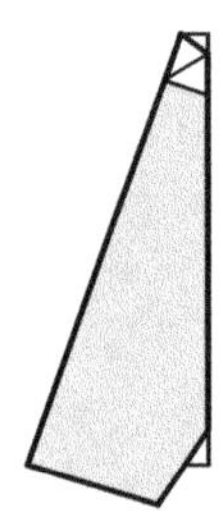

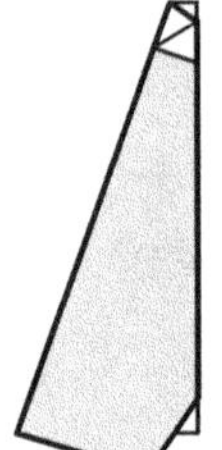  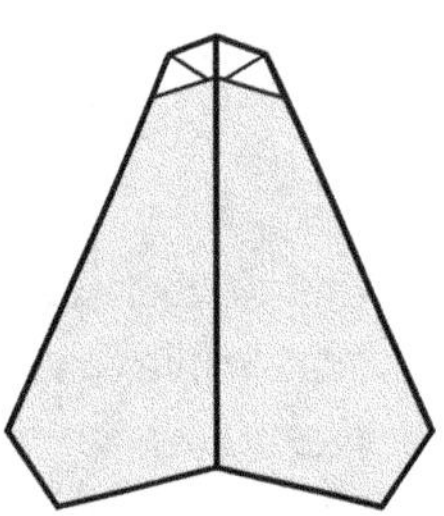

Rabats l'un des côtés jusqu'à ce qu'il touche le bord de l'avion pour former une aile, puis retourne l'avion et répète l'opération avec l'autre côté pour former l'autre aile. Appuie sur les deux ailes et déplie-les à moitié.

Cet avion doit être lancé fort. Veille à ce que le nez soit orienté légèrement vers le haut au moment de le lancer !

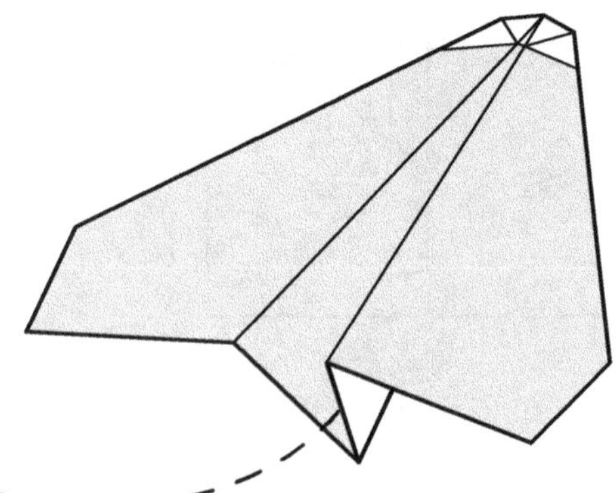

Avions cascadeurs

Comme leur nom l'indique, les avions cascadeurs sont conçus pour effectuer des cascades. Ces avions en papier sont soit des fléchettes, soit des planeurs. Les cascades qu'ils peuvent effectuer vont de loopings à un tour complet qui ramènera l'avion vers toi comme un boomerang. Pour concevoir un avion cascadeur, l'ingénieur doit avoir des notions d'aérodynamique… et un coup de chance est également parfois nécessaire. Comme les avions cascadeurs peuvent être des fléchettes ou des planeurs, ils partageront des caractéristiques avec ces styles. Pour cette raison, le fait qu'ils puissent être lancés en intérieur ou en extérieur, ou bien qu'ils nécessitent un lancer de faible ou de forte puissance, varie selon chaque modèle.

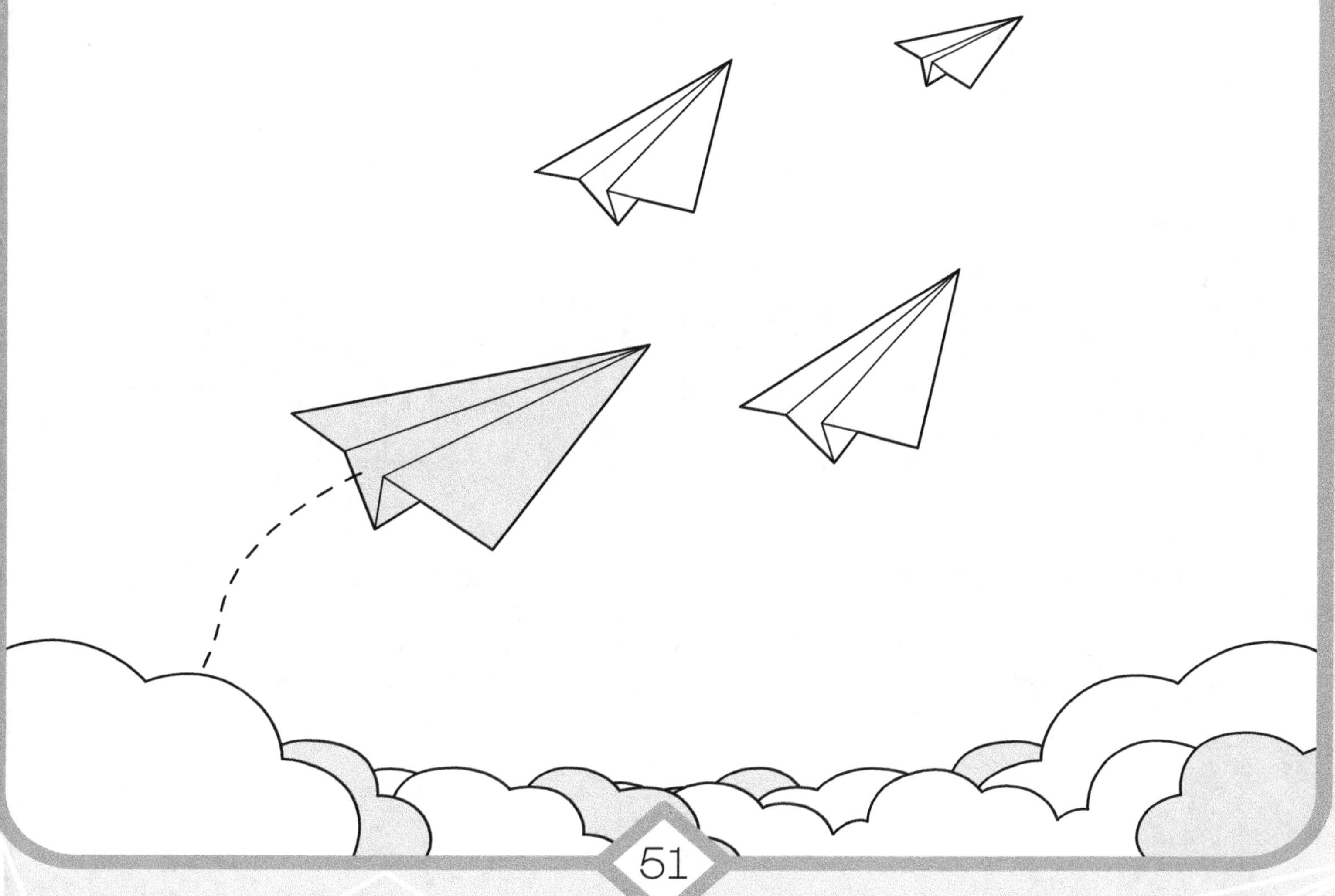

Sprinter

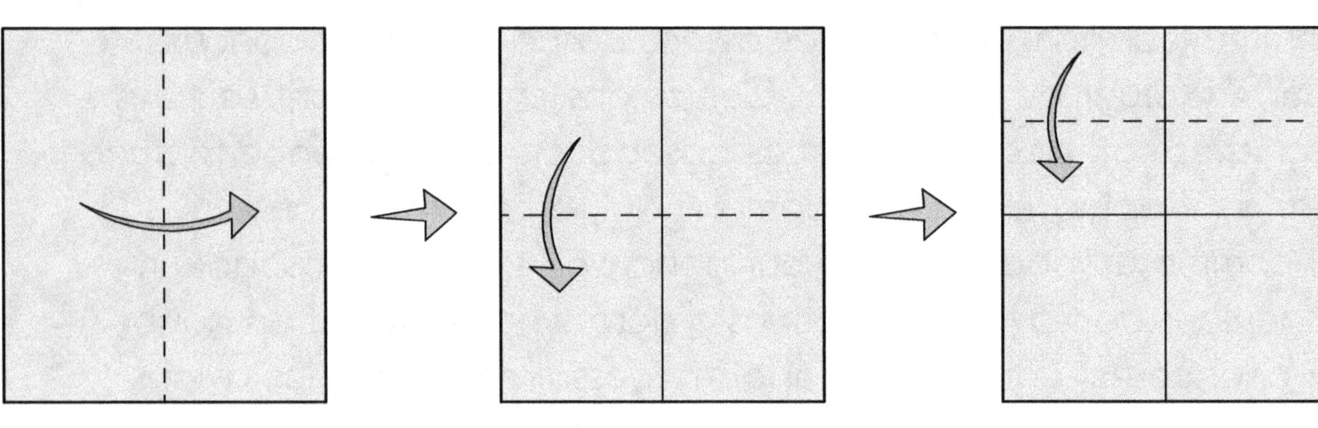

Étape 1

Plie la feuille de papier en deux dans le sens de la longueur, puis déplie-la.

Étape 2

Plie la feuille de papier en deux dans le sens de la largeur et déplie-la à nouveau.

Étape 3

Rabats le bord supérieur sur le pli horizontal que tu viens de faire.

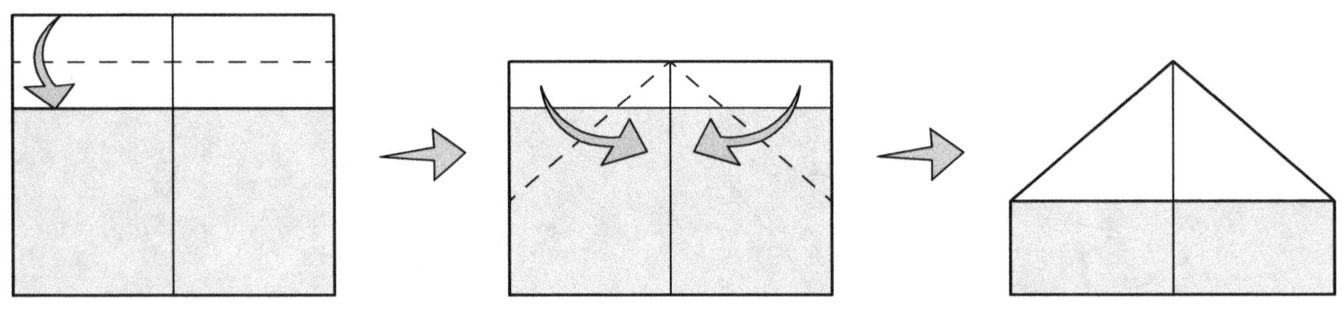

Étape 4

Rabats à nouveau le bord supérieur jusqu'au même pli.

Étape 5

Rabats les coins supérieurs sur la ligne centrale pour former un triangle.

Sprinter

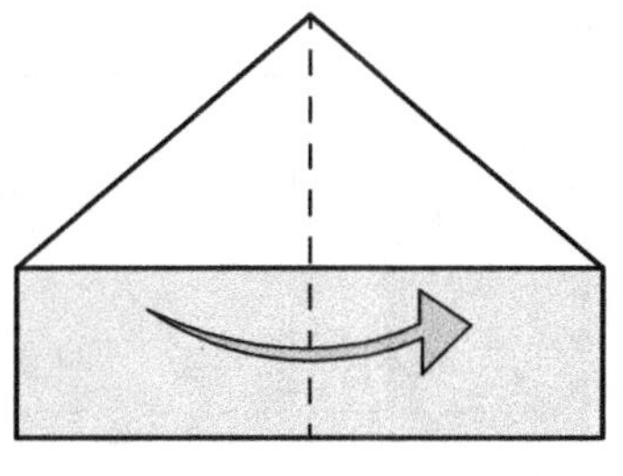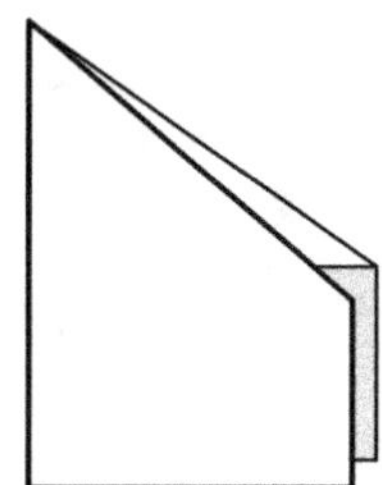

Plie l'avion en deux dans le sens de la longueur.

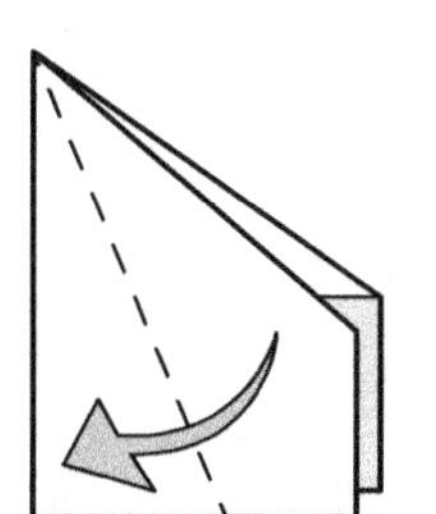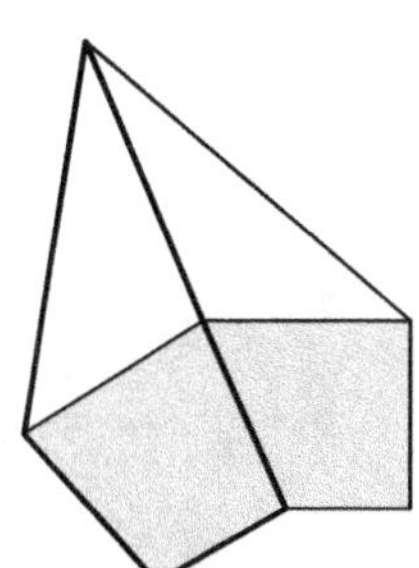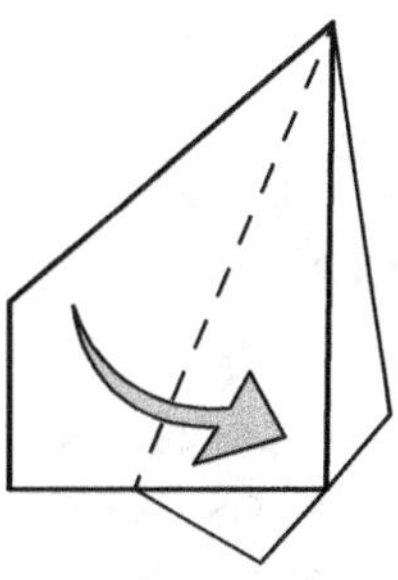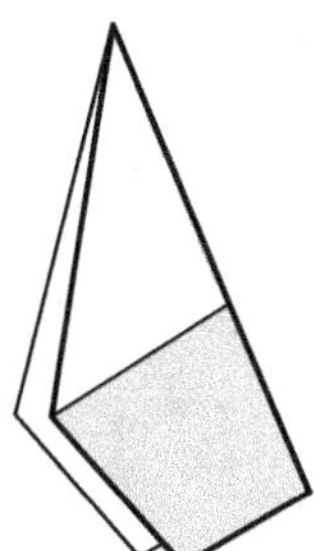

Rabats l'un des côtés comme indiqué pour former une aile, puis retourne l'avion et répète l'opération avec l'autre côté pour former l'autre aile. Appuie sur les deux ailes et déplie-les à moitié.

Enfin, plie les bords arrière des ailes vers le haut.

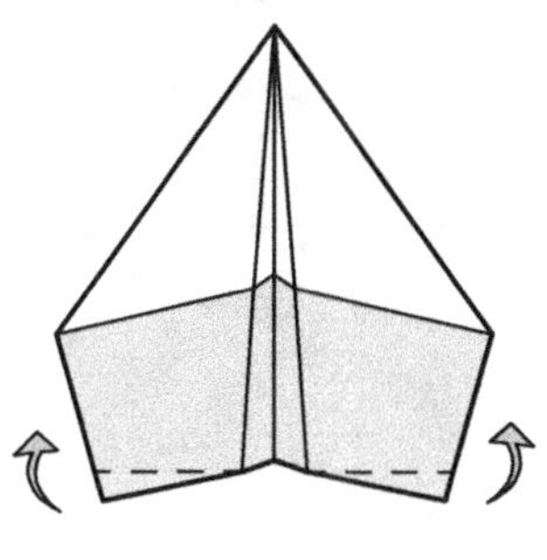

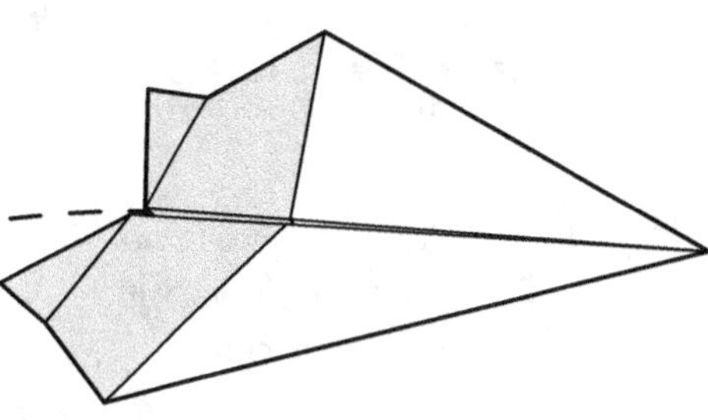

Lance cet avion avec une force moyenne en l'inclinant légèrement vers le haut et regarde-le revenir vers toi !

Ricochet

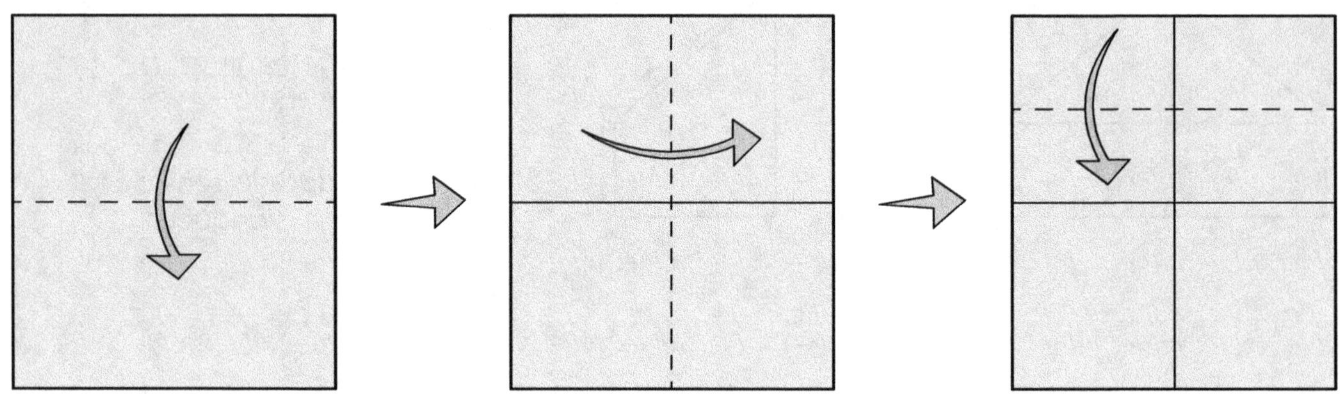

Étape 1

Plie la feuille de papier en
deux dans le sens de la
longueur des deux côtés et
déplie-la ensuite.

Étape 2

Rabats le bord supérieur sur
le pli horizontal que tu viens
de faire.

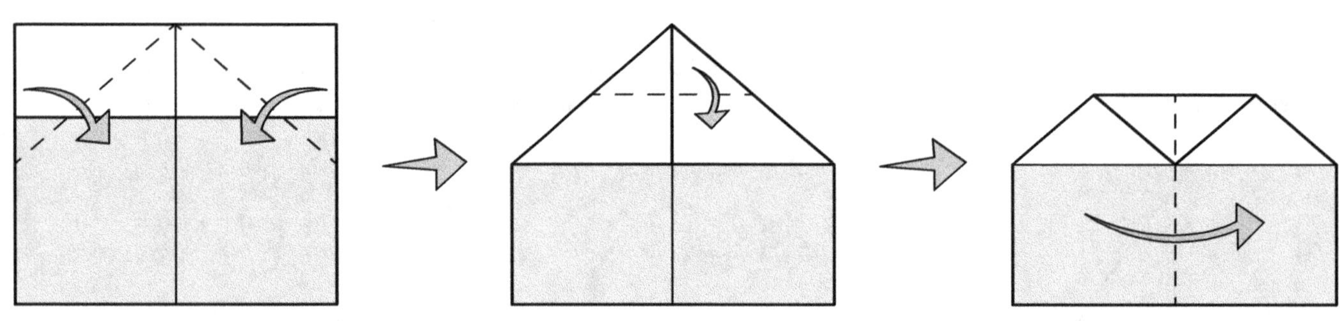

Étape 3

Rabats les coins supérieurs
vers la ligne centrale pour
former un triangle.

Étape 4

Rabats la pointe du triangle sur son bord inférieur. Ensuite,
plie l'avion en deux dans le sens de la longueur.

Ricochet

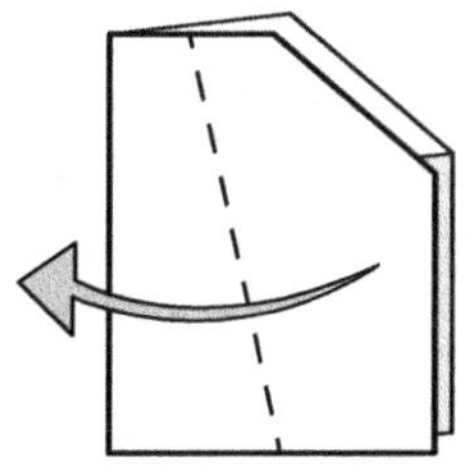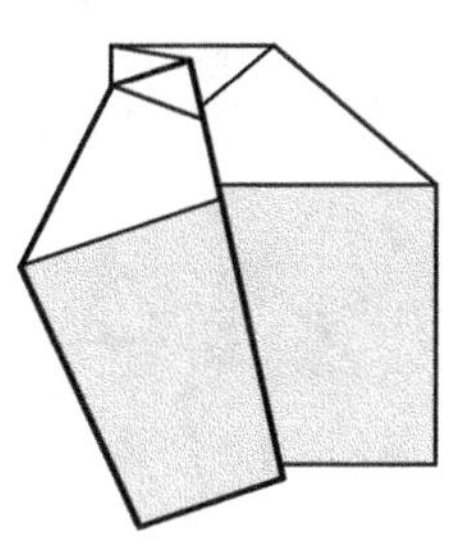

Rabats l'un des côtés le long de la ligne qui relie le centre des bords supérieur et inférieur pour former l'une des ailes.

Répète l'opération avec l'autre côté pour former l'autre aile.

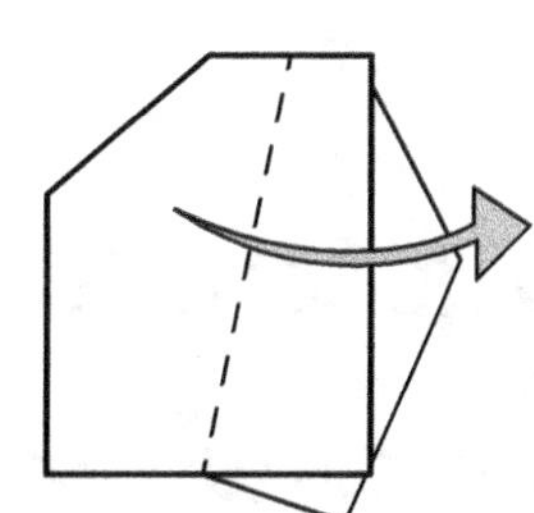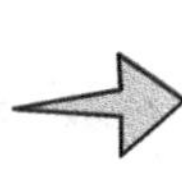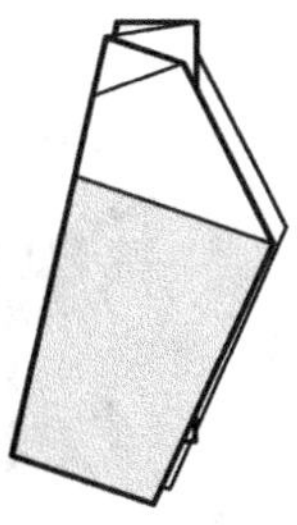

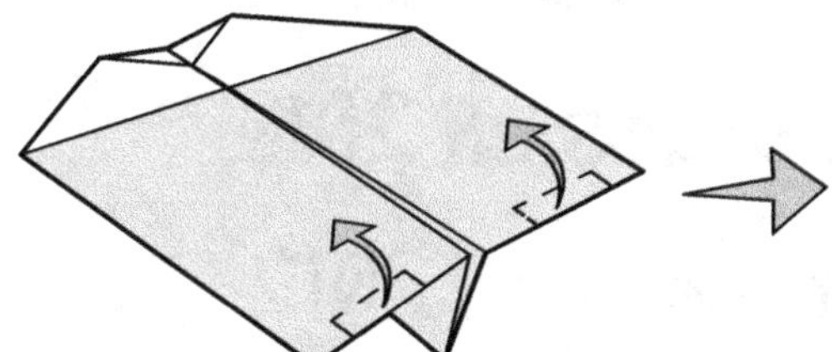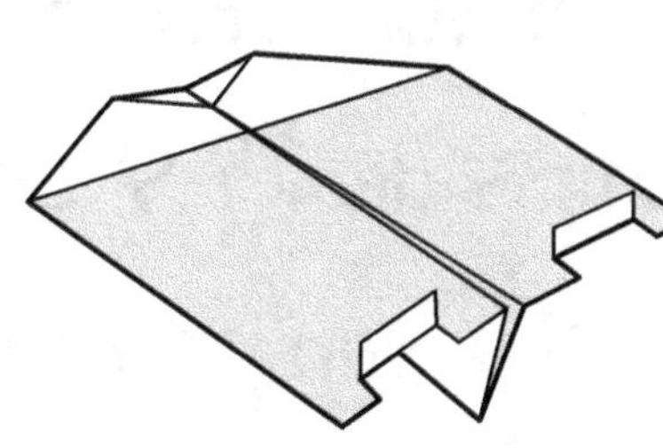

Déplie les deux ailes et fais de petites encoches sur leurs bords arrière pour former les rabats que tu peux voir sur le dessin.

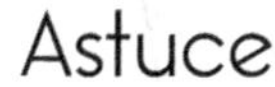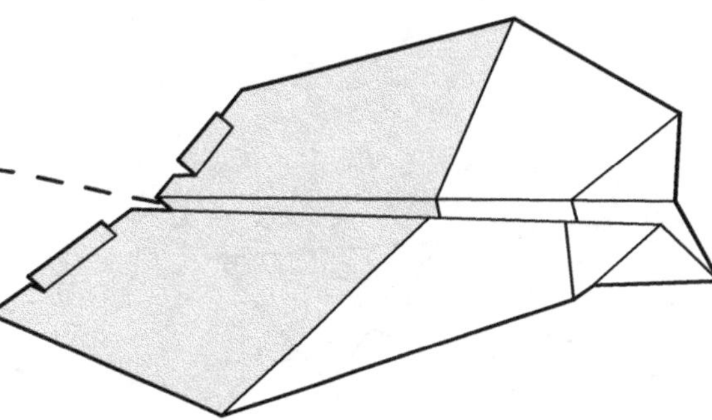

Lance cet avion doucement en l'inclinant légèrement vers le haut.

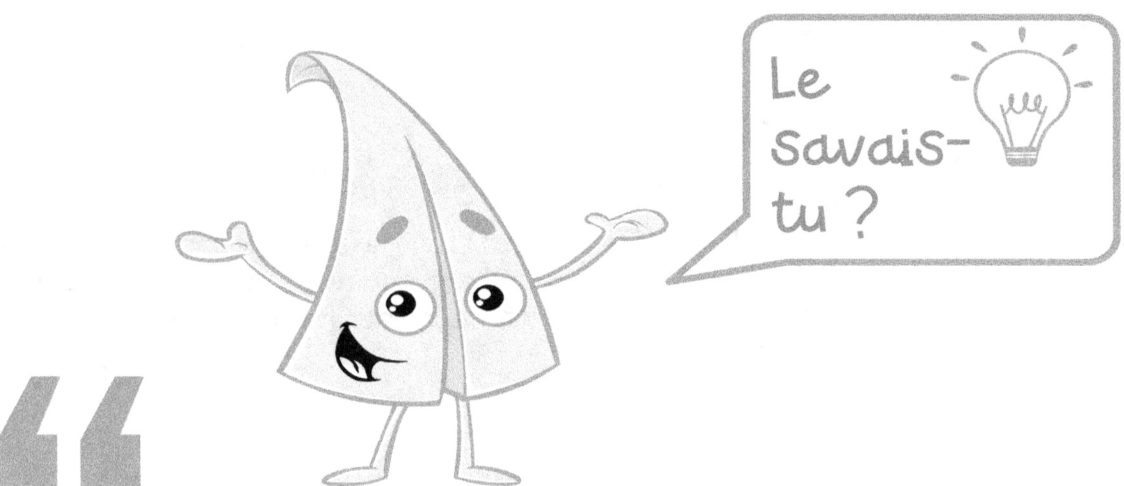

Ken Blackburn a détenu le record du plus long temps de vol d'un avion en papier de 1983 à 1996. Il a récupéré son titre en 1998 avec un temps de 27,6 secondes. Takuo Toda a battu ce record avec un temps de 27,9 secondes en 2010. Toda a ensuite battu son propre record en 2012 avec un temps de vol de 29,2 secondes.

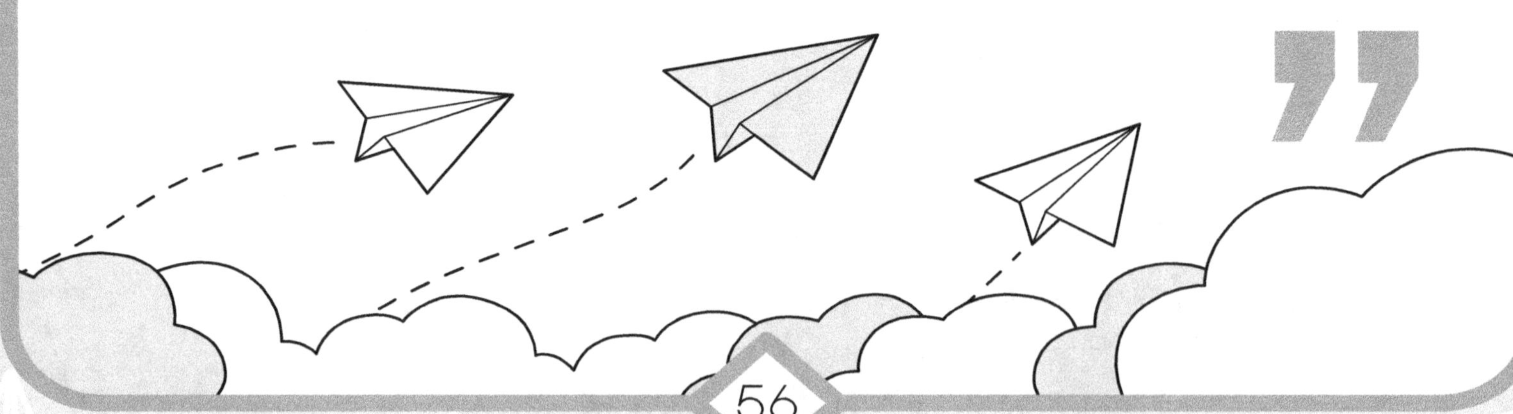

Inverseur

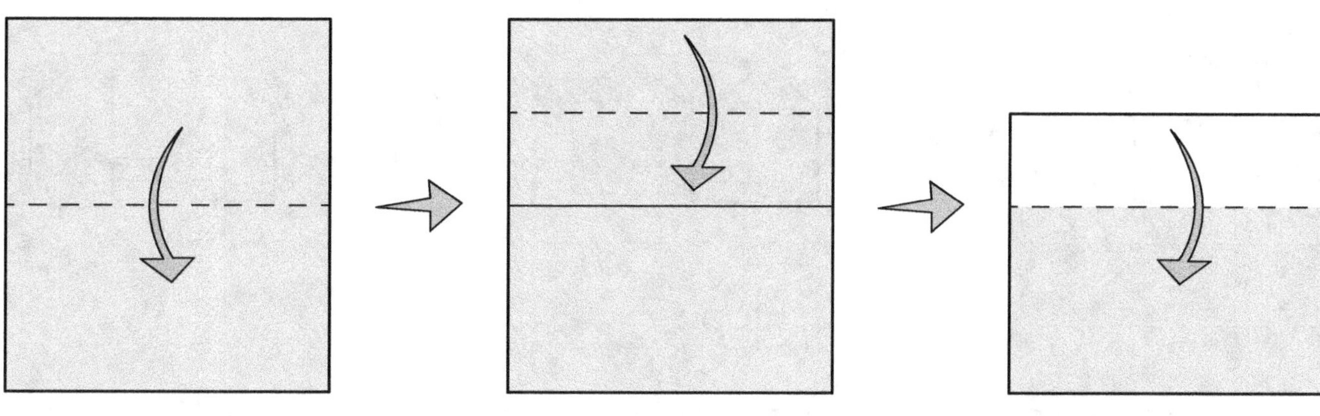

Étape 1

Plie la feuille de papier
en deux dans le sens de
la largeur, puis déplie-la.

Étape 2

Rabats le bord supérieur
sur le pli horizontal que
tu viens de faire.

Étape 3

Rabats à nouveau le bord
supérieur le long de ce
même pli.

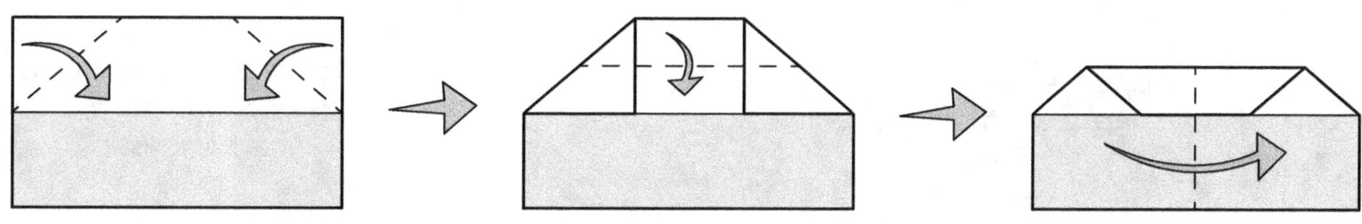

Étape 4

Rabats les coins supérieurs
en diagonale jusqu'à ce qu'ils
touchent le bord inférieur du pli
que tu as fait à l'étape 3.

Étape 5

Plie le haut de l'avion en
deux comme indiqué sur
le dessin, de sorte que les
bords du haut et du bas
se rejoignent.

Étape 6

Plie l'avion en deux
dans le sens de la
longueur.

Inverseur

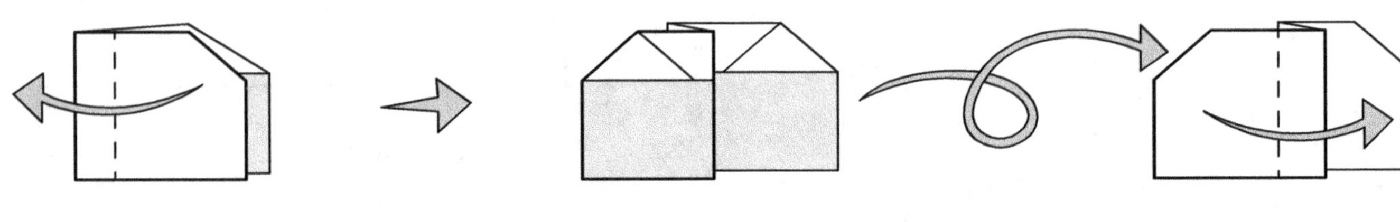

Rabats l'un des côtés comme indiqué sur le dessin pour former une aile, puis retourne l'avion et répète l'opération avec l'autre côté pour former l'autre aile.

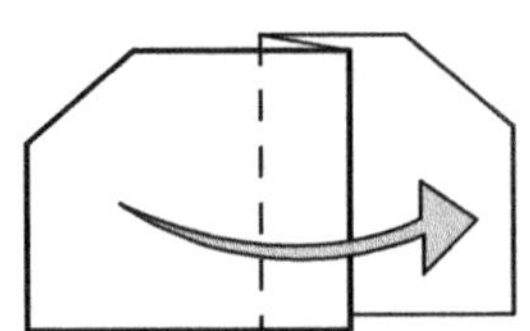 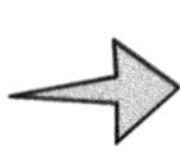 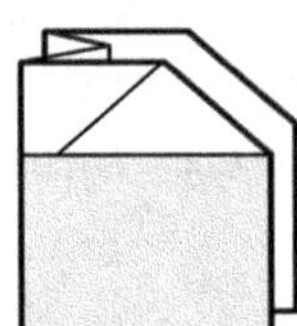  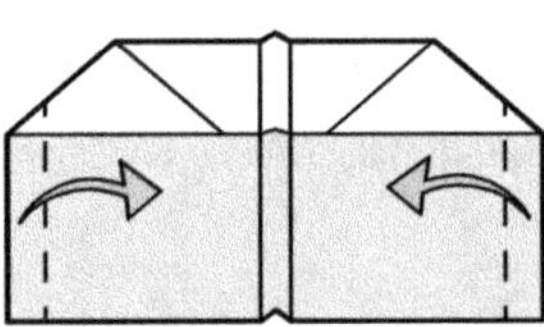

Appuie sur les ailes et déplie-les à moitié.

Enfin, rabats les bords des ailes comme indiqué sur le dessin.

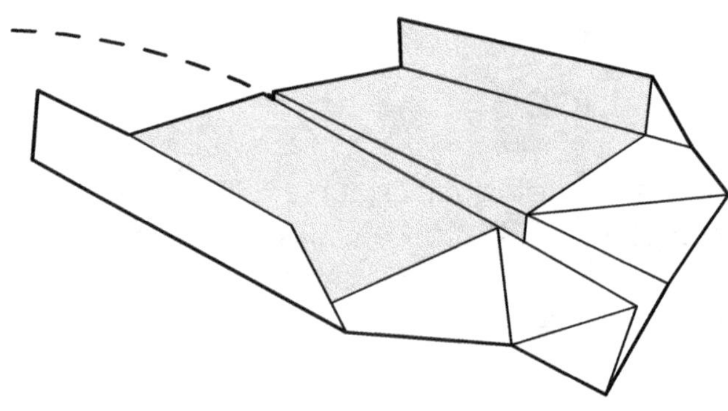

Cet avion doit être lancé avec une force faible à moyenne tout en étant légèrement incliné vers le haut.

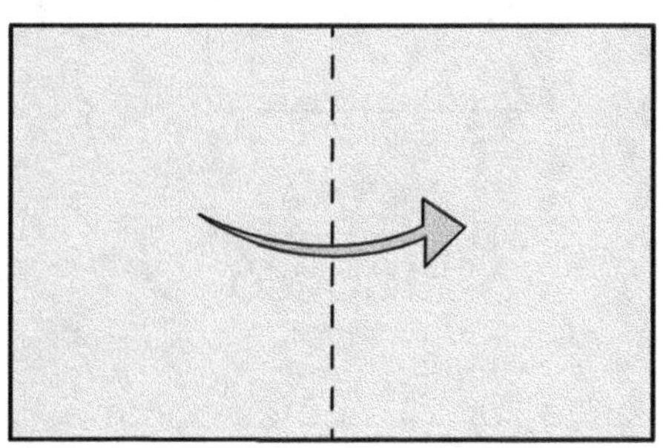 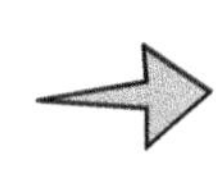 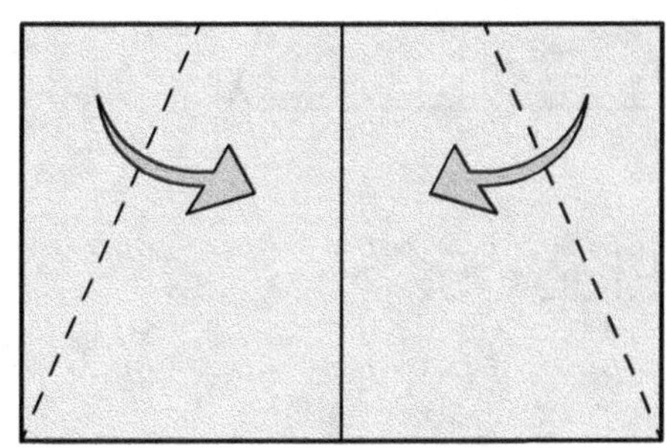

Étape 1

Pose la feuille à l'horizontale et plie-la en deux dans le sens de la longueur, puis déplie-la.

Étape 2

Rabats les coins supérieurs vers l'intérieur comme indiqué sur le dessin, de sorte que leurs pointes touchent la ligne centrale.

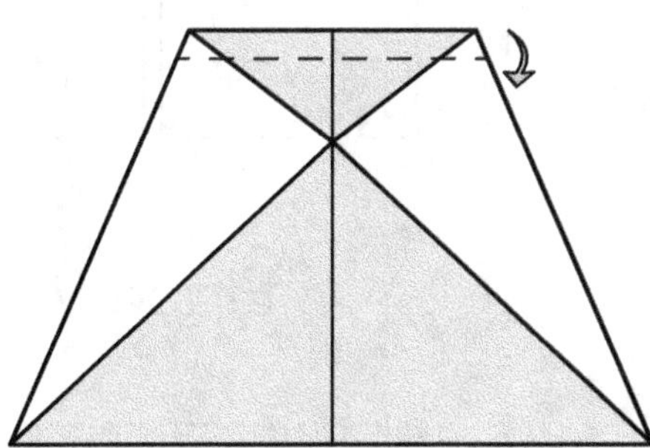 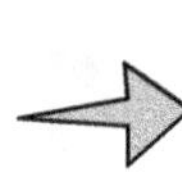 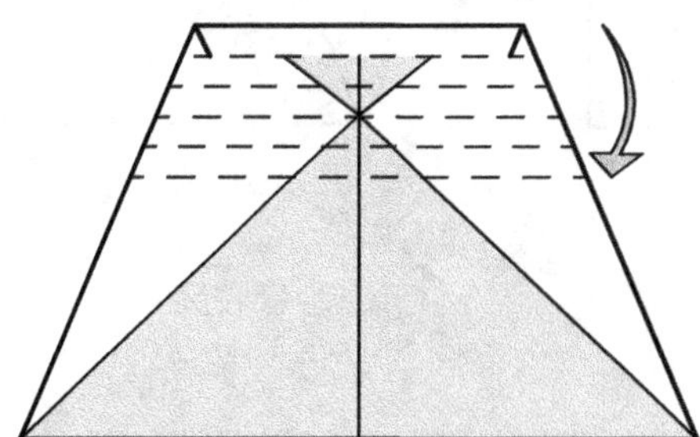

Étape 3

Rabats une petite partie du bord supérieur (un peu plus d'un centimètre) comme indiqué sur le dessin.

Étape 4

Plie cette même section sur elle-même quatre fois de plus.

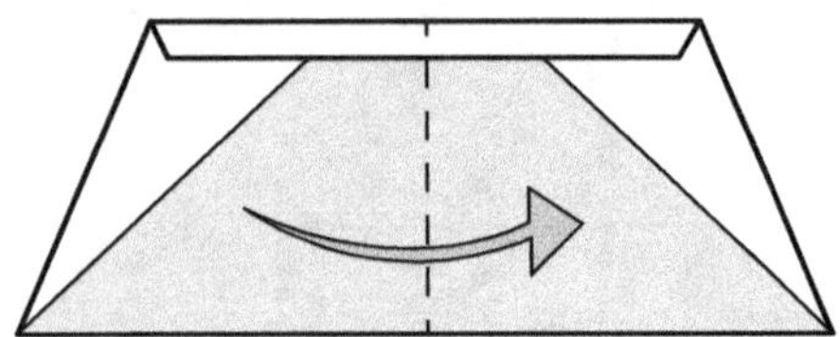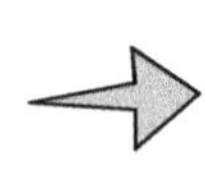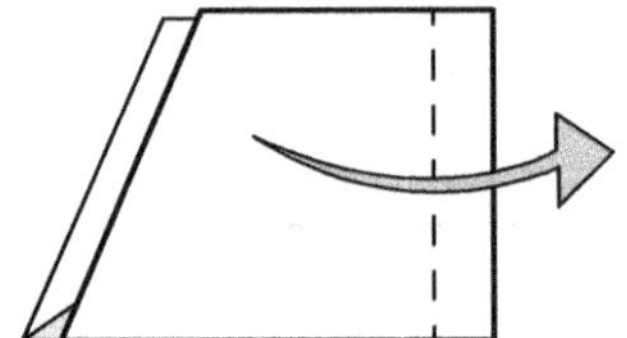

Roi des loopings

Plie l'avion en deux dans
le sens de la longueur.

Plie l'un des côtés comme
indiqué sur le dessin pour
former une aile.

Retourne l'avion et répète
l'opération avec l'autre côté
pour former l'autre aile.

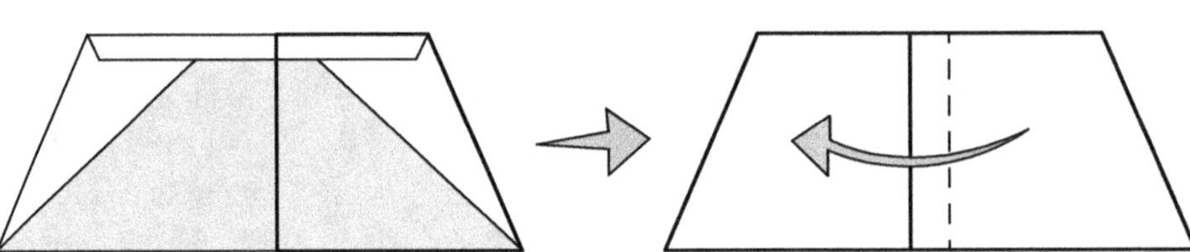

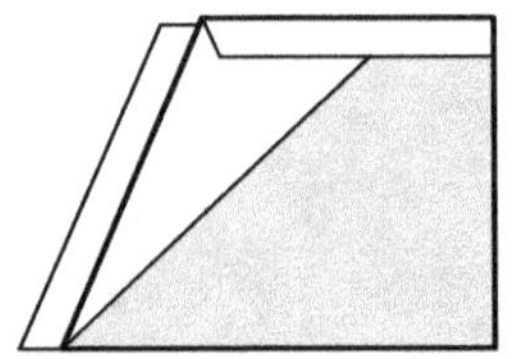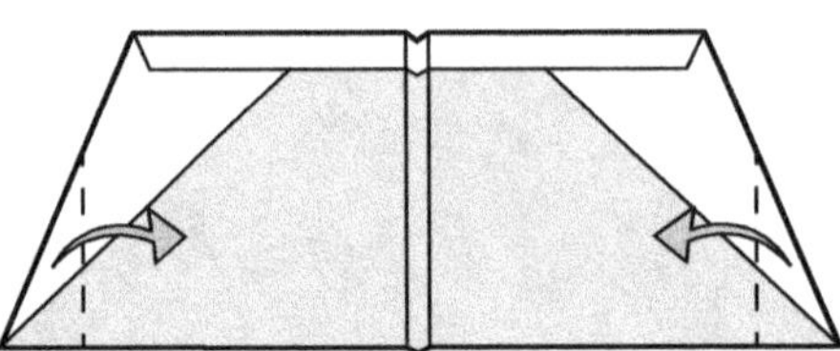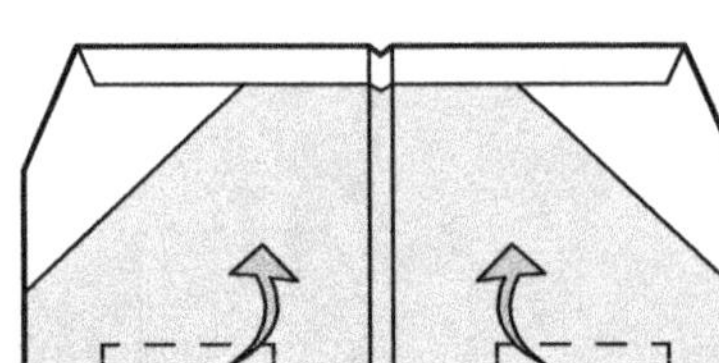

Appuie sur les deux ailes et déplie-
les à moitié. Plie ensuite les coins
des deux ailes comme indiqué sur le
dessin.

Fais de petites encoches à
l'arrière des ailes pour former les
rabats.

Lance cet avion avec une
force moyenne.

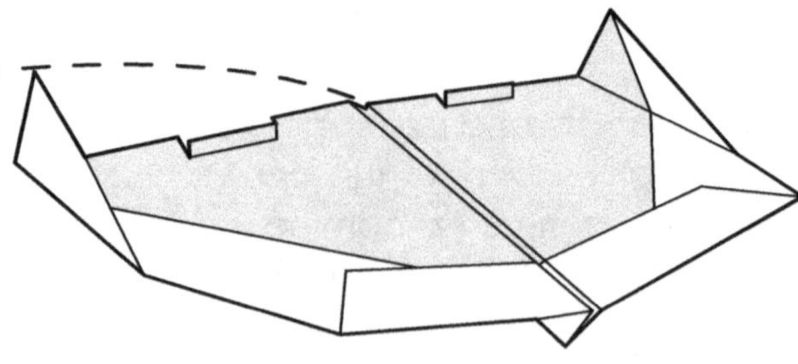

Conclusion

L'aviation a une histoire très riche. Il est fascinant de réaliser que cette histoire trouve ses racines dans l'invention du papier et des avions en papier. Il est étonnant de voir combien de concepteurs d'avions ont utilisé des avions en papier pour concevoir et perfectionner des avions : en commençant par Léonard De Vinci, puis les frères Montgolfière, qui ont inventé la montgolfière, les frères Wright, ou encore Jack Northrup de la société Lockheed Corporation. Tout cela à partir d'une simple feuille de papier.

Ce livre te permet d'avoir un morceau d'histoire entre les mains chaque fois que tu utilises les dessins et les instructions pour créer ton propre avion en papier. Non seulement c'est un passe-temps amusant, mais tu connais maintenant les forces qui permettent à un avion de voler et de se maintenir dans les airs. Tu sais comment modifier ton modèle pour permettre à ton avion de voler de façon optimale. Et tu as appris quelques anecdotes sur l'histoire des avions en papier avec lesquelles tu pourras impressionner tes ami(e)s.